高等职业院校职业素质教育改革创新教材

新时代大学生劳动教育

XINSHIDAI DAXUESHENG LAODONG JIAOYU

主　编　萧　琳
副主编　黄建荣　叶甫能　邱小群　党日丽
　　　　刘蕾蕾　胡胜爱　陈倩羽
参　编　谢　坚　孙媛媛

中国教育出版传媒集团
高等教育出版社·北京

内容提要

本教材是高等职业院校职业素质教育改革创新教材。

本教材的编写旨在全面反映《关于全面加强新时代大中小学劳动教育的意见》的要求,紧扣劳动教育课程教学目标,立足落实立德树人根本任务,着力反映新时代劳动特色,培养新时代劳动者。全书共分为上下两篇,"认知劳动世界"篇包括认知新时代劳动的内涵,培养劳动精神与劳动习惯,了解新知识、新技术、新工艺、新方法与劳动的关系,了解劳动法律和劳动权益;"投身劳动实践"篇着力体现时代特色,包括走进校园、走进社区、走进企业、走进乡村、走近民间传统技艺。本教材是新形态教材,部分资源以二维码形式置于页边,可扫描获取。

本教材适合作为高等职业院校劳动教育公共基础课教材。

图书在版编目(CIP)数据

新时代大学生劳动教育 / 萧琳主编. -- 北京 : 高等教育出版社,2025.1. -- ISBN 978-7-04-062356-7

Ⅰ. G40-015

中国国家版本馆 CIP 数据核字第 20241P6E91 号

策划编辑 周静研	责任编辑 周静研	封面设计 张文豪 责任印制 高忠富

出版发行 高等教育出版社	网　　址 http://www.hep.edu.cn
社　　址 北京市西城区德外大街4号	http://www.hep.com.cn
邮政编码 100120	网上订购 http://www.hepmall.com.cn
印　　刷 上海叶大印务发展有限公司	http://www.hepmall.com
开　　本 787 mm×1092 mm 1/16	http://www.hepmall.cn
印　　张 12	
字　　数 258 千字	版　次 2025年1月第1版
购书热线 010-58581118	印　次 2025年1月第1次印刷
咨询电话 400-810-0598	定　价 32.00元

本书如有缺页、倒页、脱页等质量问题,请到所购图书销售部门联系调换
版权所有 侵权必究
物 料 号 62356-00

劳动教育是中国特色社会主义教育制度的重要内容，直接决定社会主义建设者和接班人的劳动精神面貌、劳动价值取向和劳动技能水平。2018年全国教育大会首次在国家层面上把"劳"与"德智体美"并列，指出要促进学生德智体美劳全面发展。2020年3月，中共中央、国务院印发《关于全面加强新时代大中小学劳动教育的意见》（以下简称《意见》），强调劳动教育是中国特色社会主义教育制度的重要内容，把劳动教育纳入人才培养全过程，贯通大中小学各学段，贯穿家庭、学校、社会各方面，与德育、智育、体育、美育相融合。《意见》对新时代劳动教育做了顶层设计和全面部署，提出整体优化学校课程设置，将劳动教育纳入中小学国家课程方案和职业院校、普通高等学校人才培养方案，形成具有综合性、实践性、开放性、针对性的劳动教育课程体系。《国家职业教育改革实施方案》提出加强劳动教育是职业教育的应有之义。如何把劳动教育融入人才培养的素质教育、职业知识和技能教育的各环节，渗透到学生学习、生活和实践的全过程中，培养高素质劳动者和技术技能型人才，是新时代对高职院校提出的新任务、新课题。

一、教材编写理念

首先，在新时代，高校开展劳动教育是贯彻落实立德树人根本任务的重要环节。党的十八大以来，以习近平同志为核心的党中央把立德树人确立为教育的根本任务，高度重视"立德"和"树人"之间的密切联系。"德"从根本上说是符合国家、社会和个体利益的道德；"人"指的是可以担负起中华民族伟大复兴大任的社会主义建设者和接班人。新时代高校开展劳动教育，要在教授学生劳动知识和劳动技能的基础上，更加注重向学生传授正确的劳动意识和劳动精神，使其树立尊重劳动、热爱劳动的价值观。

其次，新时代高校开展劳动教育是推进构建创新型国家的战略需要。习近平总书记多次强调，"创新就是国策""抓创新就是抓发展，谋创新就是谋未来"，同时特别提出"创新是引领发展的第一动力"。新时代高校劳动教育不仅注重引导学生辛勤劳动和诚实劳动，同时更加重视学生的创造性劳动；不仅教授学生掌握科学知识和劳动技能，而且十分注重培养他们的自主创新能力。开展新时代高校劳动教育有助于使学生在由自发性劳动向自觉性劳动转型升级中具备更强的能力，从而为创新型国家的建设提供人才保障。

再次，新时代高校开展劳动教育有助于激发实现中国梦的内在力量。进入新时代，习近平总书记重申了劳动的崇高地位，指出"人民创造历史，劳动开创未来""劳动是推动人类社会进步的根本力量"。只有依靠辛勤的、诚实的、创造性的劳动，我们才能实现奋斗目标，开创美好未来。新时代高校开展的劳动教育不仅能为大学生提供安身立命的基本技能，还注重激发学生"为天地立心，为生民立命，为往圣继绝学，为万世开太平"的家国情怀，从而激发学生为实现中国梦而奋斗的青春力量。

最后，从教育价值观角度来看，劳动教育研究进一步丰富了高校教育的内涵。将劳动教育融入高校教育课程体系，有利于总结高校劳动教育实践的基本思路和方法，即"做中学"，追求经验的积累，以"教学做一体化"实现学生职业技能的提升。而职业技能是在反复的劳动训练中形成的一种能完成特定任务的动作系统，其实质依然是对劳动实践经验的重组和改造。从教育方法论角度来看，"做中学"突出了劳动，即"做"的重要性，并将劳动视为获取经验或技能的重要途径。学生通过接受劳动教育，不仅具备了正确的劳动价值观，而且在劳动教育实践中，使知识、素质、劳动能力水平进一步提升，专业技能、服务社会的能力和就业竞争力也得到提高。

二、教材编写特色

（一）落实立德树人根本任务，体现课程思政功能

进行课程思政建设是落实立德树人根本任务的重要基础性和全面性工作。针对课程思政建设中存在的"两张皮""贴标签"的现象，编写团队提出以"德"润心，以"劳"育人，从顶层设计构建"五位一体"的课程思政教学模式和立体多元的思政结构，拓展思政育人领域的方案。编写团队重新梳理新时代劳动教育内涵，紧紧围绕劳动教育这条主线，五育并举，以劳树德、以劳增智、以劳强体、以劳育美、以劳创新，将劳动教育的新内涵与课程内容紧密融合，实现知识传授、价值塑造和能力培养的多元统一，做到"润物细无声"。本教材的编写思路体现了"德育性和技能性相协同"，在课程思政理念下，将"思政目标"嵌入教材，形成知识、技能、素质三位一体的人才培养目标，构建教材编写的顶层设计，从"学习知识点、挖掘结合点、操练融入点"三方面入手，由点到线再到面，逐步深入，将"德与行""知与行"结合起来。

（二）劳模、工匠引领，发挥榜样示范作用

习近平总书记对劳模精神、劳动精神、工匠精神做出全面系统深刻阐述，强调劳模精神、劳动精神、工匠精神是以爱国主义为核心的民族精神和以改革创新为核心的时代精神的生动体现。为大力弘扬劳模精神、劳动精神、工匠精神，发挥好劳模、工匠的示范引领作用，本教材的编写团队邀请到了全国人大代表、全国"五一"劳动奖

章获得者谢坚，全国人大代表、广东省"五一"劳动奖章获得者孙媛媛参与了本教材部分内容的编写，同时在教材中设置了"劳模小故事"，学生在学习知识的同时，可以通过"劳模小故事"感受劳模精神、劳动精神、工匠精神。

（三）数智赋能，一体化开展新形态教材建设

新形态教材建设体现了"互联网＋教育"背景下教材形式与内容的创新，以纸质教材与数字课程网站相结合的方式，实现了对纸质教材的补充和拓展，为实现移动学习、个性化学习创设新空间，有利于学生自主学习。编写团队不断推进慕课建设，开发建设多介质、数字化、智能化、快速迭代的新形态教材，以数智化助力提升高校人才培养能力，主动适应劳动教育形式多样化、学习终身化、人才培养个性化的需求。本教材配套了"新时代大学生劳动教育"慕课，学生可以在课余时间进行在线辅助学习。本教材与在线课程紧密关联，学生可以通过扫描二维码的方式获得在线劳动教育资源，并可直接和编者在线互动，提升教材的使用效果。

（四）具有教材、笔记本、练习册、成果展示的多重功能

本教材遵循职业教育教学规律和人才成长规律，符合学生认知特点，体现先进职业教育理念，反映人才培养模式改革方向，将知识、能力和正确价值观的培养有机结合，适应专业建设、课程建设、教学模式与方法改革创新等方面的需要，能有效激发学生的学习兴趣和创新潜能。在编写中，编写团队对教材做了多重功能设定，它既是教材，又是笔记本和练习册。教材中很多地方都设置了"学习感悟"等栏目，并在相应部分留出了大量的空白，学生可以一边学习，一边将相关知识记录在空白处，在教材中完成课堂笔记与任务检测，同时还留出了"成果展示区"，学生在完成实训任务后可以将成果拍照，粘贴在教材中的"成果展示区"。这样，学生在一本教材中就可以完成课前思考、课中练习、课后巩固等学习任务。

三、教材内容安排

本教材分为上篇"认知劳动世界"和下篇"投身劳动实践"。上篇"认知劳动世界"包括4个模块：认知新时代劳动的内涵，培养劳动精神与劳动习惯，了解新知识、新技术、新工艺、新方法与劳动的关系，了解劳动法律与劳动权益。上篇从理论的角度讲清楚了新时代劳动教育"新"的内涵是什么；在进入数智时代等新的时代背景下，新一代青年如何树立新的劳动观；如何开展新时代的劳动教育。下篇主要是劳动教育实训，包括5个模块：走进校园、走进社区、走进企业、走进乡村、走近民间传统技艺。下篇以实训任务指导书的形式进行编排，教师可以挑选符合本校实际情况的劳动教育实训任务开展。

本教材在编写过程中，借鉴了许多学者的研究成果，参考了相关出版物、文献资料等，在此向各位学者、专家表示衷心感谢！由于编者水平有限，书中难免有不足之处，敬请广大读者批评指正！

编　者

目 录

上篇　认知劳动世界

模块一　认知新时代劳动的内涵 003
　　任务一　认知劳动与新时代劳动 003
　　任务二　了解新时代大学生劳动教育 015
　　任务三　树立正确的劳动观 019

模块二　培养劳动精神与劳动习惯 025
　　任务一　培养劳动精神 025
　　任务二　培养劳模精神 032
　　任务三　培养工匠精神 039
　　任务四　养成良好的劳动习惯 047

模块三　了解新知识、新技术、新工艺、新方法与劳动的关系 052
　　任务一　认知智能技术发展 052
　　任务二　了解新技术、新业态下的大学生劳动 057
　　任务三　开展创新性、创造性劳动 064

模块四　了解劳动法律与劳动权益 070
　　任务一　了解劳动法律法规 070
　　任务二　了解劳动合同与权益保障 082
　　任务三　了解劳动安全知识 093

下篇　投身劳动实践

模块五　走进校园 107
　　任务一　开展宿舍清洁与美化活动 107
　　任务二　开展校园植树活动 111
　　任务三　开展校内实训室维护与管理活动 115

模块六　走进社区 120
　　任务一　开展社区福利院助老志愿服务 120

  任务二 开展社区垃圾分类志愿服务 124

  任务三 参与社会大型公益志愿服务——以中国国际航空航天博览会

      志愿服务为例 128

模块七 走进企业 133

  任务一 开展企业顶岗实习 133

  任务二 开展创新创业实践 137

  任务三 开展专业技能竞赛实践 141

模块八 走进乡村 146

  任务一 开展乡村振兴耕作帮扶实践 146

  任务二 开展乡村振兴电商助农实践 150

  任务三 开展乡村振兴家电维修实践 155

模块九 走近民间传统技艺 160

  任务一 以茶修身——开展茶道学习实践 160

  任务二 指尖艺术——开展剪纸制作实践 165

  任务三 传统手作——开展刺绣制作实践 170

  任务四 舌尖中国——开展广式茶果制作实践 175

主要参考文献 180

上篇 认知劳动世界

（理论篇）

模块一　认知新时代劳动的内涵

任务一　认知劳动与新时代劳动

> **名人名言**
>
> 社会主义制度的建立给我们开辟了一条到达理想境界的道路,而理想境界的实现还要靠我们的辛勤劳动。
>
> ——毛泽东

学习目标

- 知识目标：

  认知劳动的含义、特征、分类；认知新时代劳动的内涵、类型及变化；了解劳动与新时代劳动的关系。

- 能力目标：

  能够认识不同的劳动工具；能够区分不同种类和不同形态的劳动。

- 素质目标：

  认知劳动与新时代劳动,重塑劳动意识,培养劳动精神。

劳模小故事

邓稼先：永被铭记的"两弹之父"

"两弹元勋"邓稼先为我国的科技发展做出了杰出贡献。他甘当无名英雄,用自己的青春筑就了中国核防御力量的"铁脊梁"。1950年,26岁的邓稼先在美国获得了物理学博士学位。他带着当时最先进的物理学知识,涉洋归来报效祖国。20世纪50年代末,邓稼先从物理学讲坛上"消失"了,他的身影出现在核武器研制的基层第一线：在北京市郊外的高粱地里参加研究所的兴建,在罗布泊国家试验场的土路上颠簸,在云遮雾罩的山区里指挥着原子弹、氢弹的研制。

邓稼先为我国的核武器研制事业兢兢业业、呕心沥血、孜孜不倦地奋斗了28年,从原理的突破和武器化试验,到新的核武器的重大原理突破和研制试验,他都做出了重大贡献,为我国第一颗原子弹和第一颗氢弹试爆成功立下了卓越的功勋。

邓稼先佩戴着"五一"劳动勋章

邓稼先曾荣获国家自然科学奖一等奖和国家科学技术进步奖特等奖，以及"全国劳动模范"等荣誉称号。1986年，积劳成疾的邓稼先被癌症夺去了生命。在生命的最后一个月里，他28年的秘密经历才得以披露，"两弹元勋"的美名才开始传扬。

 学习感悟

微课1-1：
认识劳动与
新时代劳动

知识要点

习近平总书记在全国劳动模范和先进工作者表彰大会上指出，在长期实践中，我们培育形成了崇尚劳动、热爱劳动、辛勤劳动、诚实劳动的劳动精神。人世间的美好梦想，只有通过诚实劳动才能实现；发展中的各种难题，只有通过诚实劳动才能破解；生命里的一切辉煌，只有通过诚实劳动才能铸就。崇尚劳动、热爱劳动、辛勤劳动、诚实劳动，是成就精彩人生的金钥匙，也是创造美好生活的必经之路。

一、劳动的概念

劳动是人类活动的特定形式，是人类社会生存和发展的基础是人类社会的物质资料生产过程。劳动是人维持自我生存和自我发展的唯一手段。劳动的质量受劳动者的劳动技能、受教育程度和经验积累程度等方面的影响，而劳动的数量受劳动时间长短和劳动效率高低等方面的影响。劳动是创造价值的重要手段。在市场经济条件下，劳动者用自己的劳动换取一定的货币报酬。

马克思认为："劳动首先是人和自然之间的过程，是人以自身的活动来引起的、调整和控制人和自然之间的物质变换的过程。人自身作为一种自然力与自然物质相对立。为了在对自身生活有用的形式上占有自然物质，人就使他身上的自然力——臂和腿、头和手运动起来。当他通过这种运动作用于他身外的自然并改变自然时，也改变了他自身的自然。他使自身的自然中沉睡着的潜力发挥出来，并且使这种潜力的活动受他的控制。"

从上述论述可以看出，劳动的具体内涵如下。首先，劳动是人的客观物质活动。"劳动是以人自身的活动引起的、调整和控制人和自然之间的物质变换的过程。"其次，劳动是人的有目的的、能动的活动。人"为了在对自身生活有用的形式上占有自然物质"而"使他身上的自然力——臂和腿、头和手运动起来"。再次，劳动从一开始就是社会活动。劳动的目的、方式和劳动能力的发挥都受到当时社会历史条件的限制。最后，人的劳动具有双重效果。劳动改变了劳动对象，也改变了人本身及其所处的社会。

总之，劳动是人类特有的，为满足自身的物质和精神需要，有目的地调整和控制人和自然界之间的物质变换过程的一种改变自然物的社会实践活动。

> **知识拓展**

国际劳动节的来源

国际劳动节又称"五一国际劳动节""国际示威游行日",是世界上80多个国家共同设定的全国性节日。

1886年5月1日,芝加哥的20多万工人为争取实行8小时工作制而举行大罢工,经过艰苦的流血斗争,终于获得了胜利。为纪念这次工人运动,1889年7月14日,由各国马克思主义者联合召开的社会主义者代表大会在法国巴黎隆重开幕。大会上,与会代表一致同意把5月1日定为国际无产阶级的共同节日。这一决议得到世界各国工人的积极响应。1890年5月1日,各国的工人阶级纷纷走上街头,举行盛大的示威游行与集会,争取合法权益。从此,每年的这一天,世界各国的劳动人民都要集会、游行,以示庆祝。

中国人民庆祝国际劳动节的活动可追溯至1918年,一些革命知识分子在上海、苏州等地向群众散发介绍国际劳动节的传单。1920年5月1日,北京、上海、广州等地的工人群众走上街头举行了声势浩大的游行、集会。1949年12月,我国将每年的5月1日确定为劳动节。1989年后,我国基本上每5年表彰一次全国劳动模范和先进工作者。

1921年国际劳动节前夕,在北京的共产主义小组成员邓中夏等人创办的长辛店劳动补习学校里,工人们学唱了《五一纪念歌》。其歌词是:"美哉自由,世界明星,拼吾热血,为他牺牲,要把强权制度一切扫除净,记取五月一日之良辰。红旗飞舞,走上光明路,各尽所能,各取所需,不分贫富贵贱,责任唯互助,愿大家努力齐进取。"这首雄壮有力的歌是由长辛店劳动补习学校的教员和北京大学的进步学生共同创编而成的。

二、劳动的特征

(一)劳动的人类专属性

从表面上看,劳动作为一种活动,是对自身有用的自然物质的占有,这与自然界动物的活动,如蜘蛛织网捕食猎物,蜜蜂建筑蜂房储存蜂蜜,燕子衔草筑巢繁殖后代没有什么区别。然而,动物的这些活动并不能称为劳动,因为这都是动物生存的本能。人的劳动和动物的本能活动最不同的地方,在于人的劳动是具有自觉意识支配的、能动的和具有一定目的的活动,劳动是人类才能完成的活动,具有人类专属性。

(二)劳动的自觉意识和能动性

劳动的人类专属性在于其自觉意识和能动性。马克思指出:"蜘蛛的活动与织工的活动相似,蜜蜂建筑蜂房的本领使人间的许多建筑师感到惭愧。但是,最蹩脚的建筑师从一开始就比最灵巧的蜜蜂高明的地方,是他在用蜂蜡建筑蜂房以前,已经在自己的头脑中把它建成了。"人类在劳动的过程中能够充分发挥自己的才能完成既定的目标。

（三）劳动的创造性

劳动具有自觉意识和能动性，是有目的的活动。然而具有自觉意识和能动性、有目的性的活动并不都是劳动。人是有意识和思想的，人的一切活动都受意识和思想的支配。如旅游、跳舞、吃饭、睡觉，虽然也具有目的性，但是不能称之为劳动。只有那些能够创造出物质财富和精神财富的创造性活动，才能称为劳动。

三、劳动的类型

按照不同的标准，从不同的角度，可以将劳动分成不同的种类。

（一）具体劳动和抽象劳动

马克思在剖析商品的价值和使用价值的时候指出：生产交换价值的劳动是抽象一般的和相同的劳动，而生产使用价值的劳动是具体的和特殊的劳动。

1. 具体劳动

具体劳动也称作有用劳动，是指在一定的具体形式下进行的劳动。具体劳动包括人们的劳动目的、劳动工具、劳动对象、操作方法和劳动结果等五个要素。由于劳动的目的、使用的工具、加工的物质对象和采用的操作方法不同，人们可以生产出具有不同使用价值的物品。例如，木匠制造家具的具体劳动，是用斧、锯、刨、凿等劳动工具对木材等劳动对象进行加工，从而生产出桌、椅、柜、床等产品；农民种地的具体劳动则是用拖拉机、收割机、犁、耙等劳动工具，进行翻地、播种、收割等活动，从而收获农产品。我们可以看到，劳动结果生产的使用价值类型众多，因此，相应的具体劳动方式也很多。具体劳动体现着人和自然的关系。

学生在田间劳动

学生开展植树活动

2. 抽象劳动

尽管生产商品的劳动的具体形式千差万别，但其都是人类劳动力的耗费，这是无差别的。不论是种地，还是织布，都是人类劳动力的支出，即对人的脑、肌肉、神经、手等的生产耗费。从这个意义上说，种地和织布的劳动是耗费人类劳动力的两种不同的形式。抽去了这种具体形式的一般人类劳动就是抽象劳动，它形成商品的价值。当然，只要是劳动，总要支出人类的脑力和体力。单就这方面看，似乎抽象劳动是个永恒范畴，适用于一切时代。但是，作为价值实体的抽象劳动不单纯是个生理概念，而是个经济范畴，反映的是商品生产者通过物相互交换劳动的关系。只有在商品生产的条件下，当人们的经济联系通过劳动产品的相互交换实现的时候，耗费在这些劳动产品上的人类的脑力和体力才能被当作形成价值的一般人类劳动而被社会"抽象"出来。它体现了一种社会关系，是商品经济下所特有的。

（二）技术性劳动与非技术性劳动

从广义上说，技术是人类在利用和改造自然的劳动过程中积累和体现出来的知识、经验和技能，也包含人类在劳动中所创造的工具、机器和设备等。

在实际社会活动中，人们运用技术标准对劳动进行分类，往往是出于社会对技术公认的理解。例如，我国将车工、钳工、木工

技术性劳动现场

等工种列为技术工种，而清洁工、门卫等工种被列为非技术工种。一般情况下，我们将需使用复杂工具来完成的劳动以及需要较高的文化知识来进行的劳动视为技术性劳动。

> **小贴士**
>
> 民间手工艺是中华优秀传统文化的一部分，它见证着中国文明的历史进程。民间手工艺与人们的生活息息相关，是劳动人民在生活中通过对大自然的发现和利用创造出来的智慧结晶。每一种手工艺的产生和发展都和当时社会的发展有着密切的关系，体现着广大人民群众的创造力和智慧。民间手工艺是劳动人民辛勤劳动创造的智慧结晶。
>
> 振兴民间手工艺，有助于传承与发展中华优秀传统文化，涵养文化生态，丰富文化资源，增强文化自信；有助于更好地发挥手工劳动的创造力，发掘手工劳动的创造性价值，在全社会培育和弘扬工匠精神；有助于促进就业，提高城乡居民收入，增强传统街区和村落活力。

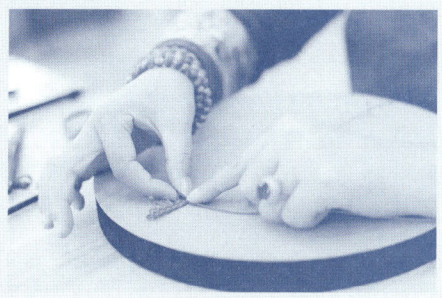

中国编结艺术

学习潮汕传统手艺——钩花

进行生物医药研究

人们习惯将技术分为"硬技术"和"软技术"。人们通常将物质技术手段，即劳动资料称为硬技术；而将与物质技术手段相适应的操作、控制和运用的方法、技巧和技术管理组合形式称为"软技术"。"硬技术"即物质技术手段大体可以分为手工工具、机器（包括劳动力装置、传动装置和工作装置）、自动机等，与此对应的劳动为手工劳动、机械化劳动和自动化劳动。从"软技术"角度来看，手工劳动只是一种朴素意义上的技术，只有近现代的复杂劳动才能称得上使用了"软技术"。"硬技术"和"软技术"是不能绝对分开的，两者互为依托，相互促进。因此，"硬技术"和"软技术"的标准也是相对的。在执行技术标准时，我们应该注意有关技术水平的评价是随国家、地域的不同以及某一时期的科学、经济、社会的发展变化而变化的。例如，在20世纪60年代，半导体技术属于高新技术，但到了今天，这种技术已成为普通技术。

（三）简单劳动和复杂劳动

人类的各种劳动在复杂程度上是不同的。简单劳动是指不必经过特别训练、每个普通的劳动者都能从事的劳动。复杂劳动是指需要经过专门训练、具有一定技术专长的劳动者才能从事的劳动，它包含着比较多的技巧和知识的运用，是倍加的简单劳动。马克思指出："比社会平均劳动较高级、较复杂的劳动，是这种劳动力的表现：这种劳动力比普通劳动力需要较高的教育费用，它的生产要花费较多的劳动时间，因此它具有较高的价值。"

坚守岗位的劳动者

（四）脑力劳动和体力劳动

人类在劳动中，有体力消耗，也有脑力支出，即在劳动中，脑力劳动和体力劳动是共有的。但是，对于某项或某类具体劳动来说，从计划到完成的过程中，其脑力活动的复杂程度及体力消耗的强度常常是不均衡的。人们一般将脑力活动占主导地位的劳动称为脑力劳动，将体力劳动占主导地位的活动称为体力劳动。

小贴士

古人所讲的"劳心"与"劳力"就是指脑力劳动与体力劳动。当然，依据其他的分类标准，还可以将劳动分为必要劳动和剩余劳动、生产性劳动和劳务性劳动、物质生产劳动和精神生产劳动、私人劳动和社会劳动等。

善于发明的创新型劳动者

四、劳动的意义

劳动的意义是多方面的。它不仅能在个体层面产生实际的经济收益,而且能在社会层面起到推动社会发展进步的作用。

1. 劳动是提高个人素质和实现自我价值的重要途径

劳动的过程是提高个人能力、技能和经验水平的过程。通过劳动,我们可以学习新知识、掌握新技能、积累新经验,提高自身的素质和能力。同时,通过劳动,个人可以感受到自我价值的实现和提升,感受到人生的价值和意义。这不仅可以增强个人的自信心和成就感,还可以为社会的发展和进步做出贡献。

2. 劳动有助于建立良好的人际关系

劳动是一种社交活动。在劳动中,人们需要与他人合作和交流,建立良好的人际关系,扩展自己的社交网络。这对于个人的长期发展和社会的稳定和谐具有重要作用。

3. 劳动创造财富,推动社会进步和发展

人通过劳动改造自然,创造社会财富,获得生存和发展的条件。劳动创造的物质财富和精神财富是人类社会的重要组成部分,它满足了人们的物质和精神需求,提高了社会生产力,推动了社会的发展和进步。

我们应该珍视劳动成果,尊重劳动者,发扬劳动精神,为实现个人和社会的共同发展而努力奋斗。

五、新时代劳动

(一)新时代劳动的概念

习近平总书记指出,"实现我们确立的奋斗目标,归根到底要靠辛勤劳动、诚实劳动、科学劳动"。辛勤劳动、诚实劳动、创造性劳动、科学劳动共同构成了新时代劳动的内涵。

新时代劳动的劳动形态呈现出灵活性、多样化和复杂性的特点。随着科技的进步和社会的发展,传统的劳动形态正在逐渐转变,新的劳动形态不断涌现。智能化劳动、创新性劳动、服务性劳动、绿色劳动、知识型劳动、技能型劳动、多元化劳动和共享型劳动等劳动形态的出现和发展,为新时代的社会进步和经济发展注入了新的活力。

这些劳动形态相互交织、相互促进，共同推动新时代的经济社会发展迈上新台阶。

（二）新时代劳动的特征

新时代劳动具有两个新特征：分工的细化和智能化。具体表现在以下几个方面。

1. 科技劳动成为第一生产劳动

科技劳动不仅作为生产劳动参与价值与财富的创造，而且是复杂劳动，能比简单劳动创造更多价值。科学技术在创造社会财富中的巨大作用，使科技劳动成为第一生产劳动。科技不但自身直接体现为生产力，而且能作用于其他要素，从而成为推动社会生产力发展的最重要力量。这具体表现为科技对经济发展起第一位的变革作用。现代科学技术已经渗透到经济活动中，渗透到社会生产的各个环节中，成为推动经济发展的决定性因素。科技使生产管理日趋现代化、科学化、高效化。科技不仅使经济在量上，即规模和速度上迅速增长，而且使经济发生质的飞跃，在经济结构、经营方式等方面发生深刻变革。

2. 经营管理成为重要的劳动形态

由于科学技术的迅猛发展，生产社会化程度大大提高，分工越来越细、越来越专业化，其结果是劳动过程的环节增多，生产链条拉长，生产商品的劳动很难在同一个独立的时间和空间内完成。劳动过程成为越来越复杂的系统工程，各种相对独立的劳动只能以直接或间接的方式参与同一个商品的生产过程，从而使劳动的综合性和整体性大大加强。由此，经营管理成为重要的劳动形态。

3. 精神生产和服务业的劳动日益重要

科学技术的发展推动产业结构转型，表现为第一产业、第二产业在国民经济中所占的比重呈下降趋势，第三产业则占有越来越大的比重。产业结构的变化推动劳动向其他领域转移，延伸到了社会服务领域和精神文化领域。

知识拓展

中共中央　国务院关于全面加强新时代大中小学劳动教育的意见（节选）

（六）设置劳动教育课程。……

根据各学段特点，在大中小学设立劳动教育必修课程，系统加强劳动教育。中小学劳动教育课每周不少于1课时，学校要对学生每天课外校外劳动时间作出规定。职业院校以实习实训课为主要载体开展劳动教育，其中劳动精神、劳模精神、工匠精神专题教育不少于16学时。普通高等学校要明确劳动教育主要依托课程，其中本科阶段不少于32学时。除劳动教育必修课程外，其他课程结合学科、专业特点，有机融入劳动教育内容。大中小学每学年设立劳动周，可在学年内或寒暑假自主安排，以集体劳动为主。高等学校也可安排劳动月，集中落实各学年劳动周要求。

根据需要编写劳动实践指导手册，明确教学目标、活动设计、工具使用、考核评价、安全保护等劳动教育要求。

（七）确定劳动教育内容要求。根据教育目标，针对不同学段、类型学生特点，以日常生活劳动、生产劳动和服务性劳动为主要内容开展劳动教育。结合产业新业态、劳动新形态，注重选择新型服务性劳动的内容。

小学低年级要注重围绕劳动意识的启蒙，让学生学习日常生活自理，感知劳动乐趣，知道人人都要劳动。小学中高年级要注重围绕卫生、劳动习惯养成，让学生做好个人清洁卫生，主动分担家务，适当参加校内外公益劳动，学会与他人合作劳动，体会到劳动光荣。初中要注重围绕增加劳动知识、技能，加强家政学习，开展社区服务，适当参加生产劳动，使学生初步养成认真负责、吃苦耐劳的品质和职业意识。普通高中要注重围绕丰富职业体验，开展服务性劳动、参加生产劳动，使学生熟练掌握一定劳动技能，理解劳动创造价值，具有劳动自立意识和主动服务他人、服务社会的情怀。中等职业学校重点是结合专业人才培养，增强学生职业荣誉感，提高职业技能水平，培育学生精益求精的工匠精神和爱岗敬业的劳动态度。高等学校要注重围绕创新创业，结合学科和专业积极开展实习实训、专业服务、社会实践、勤工助学等，重视新知识、新技术、新工艺、新方法应用，创造性地解决实际问题，使学生增强诚实劳动意识，积累职业经验，提升就业创业能力，树立正确择业观，具有到艰苦地区和行业工作的奋斗精神，懂得空谈误国、实干兴邦的深刻道理；注重培育公共服务意识，使学生具有面对重大疫情、灾害等危机主动作为的奉献精神。

（三）新时代劳动的类型

1. 日常生活劳动

（1）日常生活劳动的内涵

日常生活劳动是指人们在日常生活中进行的各种以维持和改善个人及家庭生活为目的的劳动活动，主要包括清洁与卫生、整理与收纳、烹饪与营养、家用器具使用与维护等方面。对大学生来说，其主要包括校园内外的各种劳动。日常生活劳动的本质在于它的普遍性和基础性，它贯穿于每个人的日常生活中，是维系家庭和社会正常运转不可或缺的内容。

日常生活劳动的意义是多方面的。首先，它满足了人们的基本生活需求，为个人的生存和发展提供了物质保障，培养了人们的自我管理和自我服务能力，促进了个人独立性和自主性的发展。其次，日常生活劳动有助于培养人们的责任感和团队合作能力。在劳动过程中，人们需要克服各种困难和挑战，培养耐心和毅力。与家人或其他成员共同完成劳动任务也可以促进彼此之间的沟通和合作，增强团队的凝聚力。最后，日常生活劳动也是社会进步的推动力，只有不断地劳动和创新，才能推动社会不断发展和进步。

（2）日常生活劳动的类型

大学生日常生活劳动立足于个人生活事务的处理，注重个人生活能力的提升和良好卫生习惯的养成，主要包括家庭生活劳动和学校生活劳动。家庭生活劳动是家庭成员在日常的家庭生活中必须从事的一种无报酬劳动，包括洗衣做饭、照看孩子、购买日用品、打扫卫生、照顾老人或病人等。学校生活劳动是指学生在学校生活中所参与的常规性劳动，包括宿舍卫生打扫，教室、实训室卫生打扫，校园公共区域卫生打扫，垃圾分类等。大学生积极参加校园日常劳动，不仅能够培养良好的卫生习惯，还能磨炼意志，增强自我约束、自我管理和服务他人的能力。

学生在宿舍中打扫卫生

学生在校园中清扫垃圾

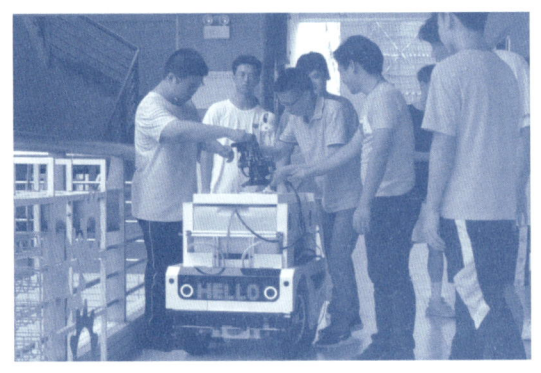
教师指导学生开展创新活动

2. 生产性劳动

（1）生产性劳动的内涵

劳动是能动性范畴，生产性劳动充分体现了这一内涵。劳动价值论以生产性劳动的科学概念为基础。马克思把劳动分为生产性劳动与非生产性劳动，与资本交换的劳动是生产性劳动，与收入交换的劳动是非生产性劳动。生产性劳动能增加物的价值，非生产性劳动则不能。

（2）生产性劳动的类型

按自然形态区分，劳动可以分为创造物质财富的劳动，即生产性劳动，如工业、农业、交通运输业、建筑业等中的劳动；不创造物质财富的劳动，即非生产性劳动，如教师、医生、演员等的劳动。按劳动的社会形态区分，生产性劳动指体现特定社会生产关系本质的劳动。

（3）生产性劳动的意义

生产性劳动作为人类社会发展的基石，在经济发展和社会进步中扮演着至关重要的角色。

首先，生产性劳动是社会财富增长的主要源泉、经济发展的核心动力。通过生产性劳动，人们能够利用自然资源和技术手段，创造出各种能满足人们需求的物质产品和服务。这种创造过程不仅为社会带来了丰富的物质财富，还为经济的持续发展和繁荣提供了强大的推动力。

其次，生产性劳动有助于促进就业和提高人民生活水平。生产性劳动的发展创造了大量就业机会，为劳动者提供了稳定的工作和收入。这不仅保障了劳动者的生活需求，还为社会的稳定和发展提供了重要支撑。同时，劳动者通过获得的收入改善生活条件，提高生活质量，享受更多的社会福利和公共服务。

再次，生产性劳动有助于推动科技创新和产业升级。在生产性劳动过程中，人们不断追求新的生产方式，推动了科技创新的不断发展。通过引入新技术、新工艺和新设备，传统产业得到了改造和提升，新兴产业也得到了快速发展，从而促进了产业结构的优化升级。

最后，生产性劳动还能为个人提供展示才能和实现价值的舞台。通过参与生产性劳动，人们能够学会勤劳、节俭、诚实、守信等美德，培养自己的责任心和使命感。同时，生产性劳动也能够提升人们的职业技能和综合素质，为个人的全面发展奠定了基础。

3. 服务性劳动

（1）服务性劳动的内涵

服务性劳动是指在从事服务生产和经营活动过程中，劳动者运用特定的设备和工具，直接满足消费者对服务产品的需要的劳动。从广义上看，全体劳动者的分工与协作就是在彼此提供服务。狭义的服务性劳动同农业劳动、工业劳动等并列，是社会分工的产物，因而服务性劳动亦称服务业劳动。服务性劳动属于生产劳动还是非生产劳动，这个问题仍是人们争论的焦点，争论的关键在于服务性劳动是否创造产品。持前一种观点的学者认为，服务性劳动为社会提供的效用是特殊的使用价值，是产品，是财富，因而是生产性的。持后一种观点的学者则认为，服务性劳动不是物化在实物上的劳动，成果不能构成物质财富，也就不是生产劳动。

（2）服务性劳动的特点

服务性劳动的特点是劳动者以其创造的效用直接满足消费者的需要。服务性劳动者在创造某种效用的时候，虽然耗费了物质资料和活劳动，但是，劳动大多不凝结在某种实物上，没有物化的成果。例如，旅店的劳动者为接待旅客住宿，付出一定的物质消耗和劳动消耗，使旅客的需要得到了满足，但没有留下任何实物，这是典型的服务性劳动表现。对一部分服务性劳动而言，在为消费者提供服务后，其物质消耗和劳动消耗也会物化为一定的实物，但不进行实物产品的售卖，而表现为一种劳动交换活动。例如，成衣店的师傅为顾客加工衣服，走街串巷的木工为顾客制作家具，弹棉花的工人为顾客加工被罩。

（3）大学生服务性劳动的主要形式

大学生进行服务性劳动更多体现在社会志愿服务上。社会志愿服务是精神文明建设的重要内容。敬业精神是崇高的，是志愿服务精神的精粹。大学生根据自身情况参加志愿服务活动，提升自身能力，也推动了社会发展。大学生参加志愿服务活动，既可以在潜移默化中受到教育，又可以端正思想、拓展视野、树立忧患意识、增强为国家和民族发展贡献力量的责任感。大学生可以在实践中认识国情、了解社会，加深对理论知识的认知和理解，还有助于解决理想与现实的矛盾，正确认识社会发展的趋势，牢固树立起国家主人翁的责任感，从而自觉抵制各种不利于社会发展的思想和言论，自觉践行社会责任。

大学生志愿服务活动现场

乡村防控志愿服务活动

课后任务

任务1：请对比传统劳动和新时代劳动的相同点和不同点。

相同点	不同点

任务2：请列举在新时代大学生参与劳动的意义。

我的意见	参考意见

任务二　了解新时代大学生劳动教育

> **名人名言**
>
> 劳动是一切知识的源泉。
>
> ——陶铸

学习目标

- 知识目标：
  了解大学生劳动教育的意义与特点。
- 能力目标：
  学习劳动文化，改善劳动精神面貌。
- 素质目标：
  树立正确的价值观、劳动观，增强责任心，认识到只有努力和付出才能创造价值和财富。

劳模小故事

王进喜：令人敬佩的"铁人精神"

1960年春，我国石油战线传来喜讯——人们发现了大庆油田，一场规模空前的石油大会战随即在大庆展开。王进喜从西北的玉门油田率领1205钻井队赶来，加入了这场石油大会战。

一到大庆，呈现在王进喜面前的是许多难以想象的困难：没有公路，车辆不足，吃住都成问题。但王进喜和他的同事下定决心：即使有天大的困难，也要高速度、高水平地"拿下"大油田。

在困难面前，王进喜带领全队靠人拉肩扛，把钻井设备运到工地，以"宁可少活二十年，拼命也要拿下大油田"的顽强意志和冲天干劲，苦干5天5夜，打出了大庆第一口喷油井。在随后的10个月里，王进喜率领1205钻井队和1202钻井队，在极端困苦的情况下，克服重重困难，双双创造了年进尺10万米的奇迹。

在那些日子里，王进喜身患重病也顾不得到医院去看；钻井时砸伤了脚，他也坚持挂着双拐指挥；油井发生井喷，他奋不顾身跳进泥浆池，用身体搅拌重晶石粉，被人们誉为"铁人"。

"铁人"王进喜

在大庆油田工作的 10 年中，王进喜为我国石油事业立下了汗马功劳，曾获"全国劳动模范"等光荣称号。王进喜身上体现出来的"铁人精神"，激励了一代代的石油工人。

 学习感悟

_____
_____
_____
_____
_____

微课 1-2：
新时代大学生
劳动教育的
意义与特点

知识要点

劳动是人类文明发展的基本活动，大学生的劳动态度、劳动习惯、劳动价值观关乎国家与民族的未来，影响着社会发展的进程。

一、新时代劳动教育的内涵

《中共中央 国务院关于全面加强新时代大中小学劳动教育的意见》中特别指出，劳动教育要"体现时代特征"。当今世界正在进入数字时代，人工智能的迅速发展正在深刻改变人类社会生活、改变世界。人工智能的概念最初诞生于 1956 年的"达特茅斯会议"上，经过半个多世纪的发展，"人工智能"这个词在我们生活中出现的频率越来越高，从产业界、学术界一直延伸到普通人生活的方方面面。为抓住人工智能发展的重大战略机遇，我国于 2017 年正式提出《新一代人工智能发展规划》，将发展人工智能上升到国家战略高度。当人工智能重塑各行各业的形态时，当人们从体力劳动及一些常规性的脑力劳动中解放出来之后，劳动教育被赋予了新的时代内涵。

一方面，劳动教育并不只是对某种生活技能的单纯机械训练，更重要的是在劳动实践中唤起人们对自身主体价值的认知，在劳动中真实感知完整生活的意义。另一方面，劳动教育要建立人们与真实世界的联结。人工智能与教育的深度融合发展，虚拟环境与现实环境的相互交融，使我们今天学习知识比以往任何时候都要便捷。但知识的学习不必然带来能力的提升，强调新时代的劳动教育，就是要强调其实践性，推动教育由知向行转化。

二、新时代大学生劳动教育的意义

长期以来，各地区、各高校坚持教育与生产劳动相结合，在实践育人方面取得了一定成效。但近年来也出现了一些大学生不珍惜劳动成果、不想劳动、不会劳动的现象。有些同学认为基层工作不体面，宁可"啃老"也不愿到一线岗位工作，以"佛系"之名掩盖"颓丧"之实；有些同学存在劳动功利化心理，表现为平时无功不劳

动，就业时眼高手低，还没掌握多少技能、没为单位奉献多少价值，就强求不切实际的高薪待遇，动辄跳槽；等等。针对以上种种不良现象和倾向，2020年3月20日发布的《中共中央 国务院关于全面加强新时代大中小学劳动教育意见》强调劳动教育是中国特色社会主义教育制度的重要内容，直接决定社会主义建设者和接班人的劳动精神面貌、劳动价值取向和劳动技能水平。加强劳动教育，在我国进入新发展阶段的历史条件下，有着重大的现实意义。

（一）改善新时代大学生的劳动精神面貌

中国特色社会主义进入新时代，要实现中华民族伟大复兴的中国梦，要建设富强民主文明和谐美丽的社会主义现代化强国，新时代的大学生肩负着重大的历史使命。要成功完成这一历史使命，大学生就必须具备良好的劳动精神面貌。中国正在从制造业大国向制造业强国迈进，要成功实现这一转变，我们急需大批在工作中具有劳模精神、劳动精神、工匠精神的劳动者。因此，大学生学习和培养劳模精神、劳动精神和工匠精神，进一步改善劳动精神面貌十分重要。

（二）为新时代大学生的劳动价值取向指明方向

劳动是个体的立身之本。马克思主义认为，劳动创造了人本身，劳动是促进人的自由发展和全面发展的唯一途径。对于新时代大学生来说，劳动教育是成长的必要途径，具有树德、增智、强体、育美的综合育人价值。习近平总书记指出，要在学生中弘扬劳动精神，教育引导学生崇尚劳动、尊重劳动，懂得劳动最光荣、劳动最崇高、劳动最伟大、劳动最美丽的道理，长大后能够辛勤劳动、诚实劳动、创造性劳动。新时代的大学生要让尊重劳动、热爱劳动、崇尚劳动、创造性劳动的价值观念扎根内心，指引未来的生活。

（三）提高新时代大学生的劳动技能水平

在大学生中实施劳动教育的重点是在系统地传授文化知识的同时，有目的、有计划地组织大学生参加日常生活劳动、生产劳动和服务性劳动，进一步提高新时代大学生的劳动技能水平。

三、新时代大学生劳动教育的特点

（一）目标明确，形式融合

民族精神的培育是一项复杂的软工程，虽培养路径众多，但各路径的教育目标、功能较为单一，且彼此独立发挥作用，缺乏系统性、整合性。劳动教育之所以能够成为培育大学生民族精神的重要路径，是因为其教育目标的明确性和教育形式的整合性。

把思政课上在田间地头

从教育目标上看，帮助大学生提高劳动素养，培养积极的劳动价值观，塑造向上的劳动精神，在劳动中激发潜能，在劳动中感悟初心和使命，在劳动中凝聚民族精神，进而将其转化为实现中华民族伟大复兴事业的行动力量，是劳动教育的价值追求。劳动教育将民族精神分解为一个个具体的教育目标，嵌入其内容中，使民族精神的培育这一"软工程"更加具象化。

（二）以中华传统文化为培植土壤

中华传统文化博大精深，这是劳动教育的培植土壤。农耕文明是我国古代劳动文化的集合，通过农耕文明的各类载体去追溯古人的劳动生活，感受劳动文化，感悟劳动之美，是劳动教育的重要形式。与劳动相关的一切优秀文化传统，是劳动教育最好的素材。劳动文化在大学生间的传播与普及，弘扬了新时代的劳模精神、劳动精神、工匠精神，厚植了中华民族的文化基因。

（三）立身之本，具有必要性

在德智体美劳"五育"体系中，德育是"五育"体系的灵魂，劳动教育则是立身之本。劳动塑造人的精神面貌，是立身之基、立心之基、立德之基。劳育是"五育"体系的基础，新时代大学生要想成为社会主义的建设者和接班人，就必须回归劳动，积极参与劳动，接受劳动教育，这也是大学生全面发展的必然要求。参与劳动不仅可以强身健体，而且可以对大学生的心理健康状态起到改善作用，大学生可以充分发挥自己的智慧，在劳动中学会团结协作，促进社交能力的发展。大学生还可以运用从课堂上学习的专业理论知识指导实践，将理论与实践相结合，在实践过程中提升自己的动手能力、创新能力、与他人合作的能力，逐渐形成正确的劳动观，更好地理解劳动教育理论知识。

课后任务

任务1：大学生劳动教育的意义有哪些？

我的意见	参考意见

任务2：你认为劳动教育对你的学习、生活有哪些帮助？

我的意见	参考意见

任务三　树立正确的劳动观

> **名人名言**
>
> 只有人的劳动才是神圣的。
>
> ——高尔基

学习目标

● 知识目标：
了解马克思主义劳动价值观、中华优秀传统文化中的劳动观念、新时代劳动价值观的基本内涵，厘清它们之间的承启关系。

● 能力目标：
掌握马克思主义劳动价值观、中华优秀传统文化中的劳动观念、新时代劳动价值观的具体行动指南及要点。

● 素质目标：
树立劳动最光荣、劳动最崇高、劳动最伟大、劳动最美丽的劳动价值观。

 劳模小故事

顾秋亮：深海"蛟龙"守护者

在航天工程这一高精尖的重大技术攻关中，有一个普通钳工技师的身影，他就是顾秋亮——中国船舶重工集团公司第七〇二研究所水下工程研究开发部职工，蛟龙号载人潜水器首席装配钳工技师。

十多年来，顾秋亮带领全组成员，保质保量完成了蛟龙号总装集成、数十次水池试验和海试过程中的蛟龙号部件拆装与维护，还和科技人员一道攻关，解决了海上试

顾秋亮在安装调试

验中遇到的技术难题，用实际行动诠释了对祖国载人深潜事业的忠诚与热爱。

作为首席装配钳工技师，工作中面对技术难题是常有的事。每次顾秋亮都能见招拆招，靠的就是工作四十余年来养成的"螺丝钉"精神。他爱琢磨、善钻研，喜欢啃工作中的"硬骨头"。凡是交给他的活，他总是绞尽脑汁想如何改进安装方法和工具，提高安装精度，确保高质量地完成安装任务。正是凭着这股爱钻研的劲，顾秋亮在工作中练就了较强的创新和解决技术难题的本领，出色完成了各项高技术、高难度、高水平的工程安装调试任务。年逾花甲的顾秋亮现在仍坚守在科研生产第一线，为我国的载人深潜事业默默奉献。

 学习感悟

___

___

___

___

___

知识要点

劳动是价值的唯一源泉。我们正在向建设社会主义现代化强国的目标努力奋进，在全面实现中国式现代化的伟大进程中，需要一大批高素质劳动者。不论是为国家的发展提供不可或缺的劳动技能型人才，还是促进大学生自身发展，以马克思主义劳动观指导新时代大学生劳动都具有极其重要的现实意义。

一、学习马克思主义劳动价值观

劳动创造了人和人类历史。人类通过劳动摆脱了最初的动物状态，劳动是人区别于其他动物的生物特性。人类的发展过程就是劳动的发展史，人类历史是在一定的社会形式下由劳动创造的历史。劳动是价值的唯一源泉。一切有价值的商品都是建立在劳动基础上的，价值是人类抽象劳动的凝结，是凝结在商品中无差别的人类劳动。劳动是实现人全面发展的基本途径。马克思主义认为，在合理的社会制度下，每个有劳动能力的人都应当学会劳动，不仅要能够用手劳动，而且要能够用脑劳动，从而将体力劳动与脑力劳动结合起来，使人各方面的能力都得到充分、协调的发展，成为全面发展的人。

（一）劳动是人的本质活动

人们通过实践改造自然界和人类社会。劳动是人所特有的实践活动，人们通过劳动有意识地改造自然物，产出满足自身生活需要的劳动产品。马克思在《资本论》中指出，未来教育对所有已满一定年龄的儿童来说，就是生产劳动同智育、体育相结合，它不仅是提高社会生产力的方法，而且是造就全面发展的人的唯一方法。劳动是人生的必修课，唯有劳动方能磨炼意志，唯有劳动方能强身健体。劳动是促进个体成长的重要因素，是个人实现德智体美劳全面发展的基本途径。

（二）劳动创造价值

个人想要实现自身的价值，就必须从事生产劳动。马克思明确指出，劳动者是社会及生产劳动过程的主体。"价值是凝结在商品中无差别的人类劳动"，实际上把价值确认为人的本质力量，是人的自由和必然。劳动是我们每个人的权利和义务，是一件无比光荣的事情，因为所有的价值都是由劳动创造的。

（三）劳动创造人类历史

劳动能不断满足并激发人的需要，是人的"第一个历史性活动"，是一种影响深远的人类活动。劳动实践深刻地影响着社会历史的发展。正是由于劳动，人类的基本需求才能得到满足；正是在基本需求得到满足的基础上，人类才会产生高层次的需求；正是因为有了高层次的需求，人类社会才会不断地进步和发展。在劳动的过程中，个人的能力、素质、知识等会得到极大的提升，并推动劳动效率的提升，以及劳动水平的提升。因此，劳动不仅解决了当下的问题，创造了即时的价值，还指引并创造着未来。

大学生正处于人生当中最美好、最有激情、最有活力的重要阶段，敢于有梦、勇于追梦、勤于圆梦的关键时期。在接受劳动教育的过程中，大学生既要通过理论学习形成对劳动的正确认识，又要通过生产性劳动、服务性劳动充分体验就业，为就业、参加劳动实践等做好充分的思想准备，提升自身能力，为实现顺利就业打下良好的基础。唯有靠勤耕不辍、持之以恒的劳动，大学生的青春之梦才能实现。

二、传承中华优秀传统文化中的劳动观念

中华优秀传统文化与劳动教育有着千丝万缕的联系，在当代大学生劳动教育中融入中华优秀传统文化，是弘扬中华优秀传统文化、丰富大学生劳动教育内涵的需要，也是培养大学生健全人格、提升大学生综合素质的需要，更是培养新时代全面发展的社会主义建设者和接班人的需要。

微课1-3：
中华优秀
传统劳动观

（一）发扬奋斗精神，弘扬青春正气

习近平总书记在党的二十大报告中指出，广大青年要坚定不移听党话、跟党走，怀抱梦想又脚踏实地，敢想敢为又善作善成，立志做有理想、敢担当、能吃苦、肯奋斗的新时代好青年，让青春在全面建设

劳动教育"偶"遇非遗：在实践中
体验中华优秀传统文化的魅力

社会主义现代化国家的火热实践中绽放绚丽之花。新时代是奋斗的时代，青年是国家的希望、民族的未来。青春之美是爱国之美、奋斗之美、学习之美。每一个青年都应该肩负使命、坚定理想信念、坚定人民立场、练就过硬本领、投身强国伟业，脚踏实地地做意志坚定的爱国者和永不停歇的奋斗者，为中国的美好未来奋斗。

（二）增强奉献意识，绽放人生光芒

奉献精神是中华民族高尚的道德追求和价值取向，更是中国共产党精神谱系的重要内容。步入新时代，习近平总书记始终将青年和青年工作放在党和国家发展的战略高度考量，把青年视作民族复兴中不可或缺的先锋力量，激励广大青年做堪当民族复兴重任的时代新人。千千万万的普通劳动者正是在奉献精神的感召和指引之下，只求付出、不求回报，干一行、爱一行，钻一行、精一行，一心扑在工作上，在平凡的岗位上做出了不平凡的业绩，成就了辉煌的事业。有了亿万名劳动者的无私奉献，座座高楼大厦才会平地而起，乡村田野才会变得更加富饶美丽，社会的物质财富和精神财富才会不断增加，人类社会才会不断发展与进步。我们作为新时代的青年，为了实现远大理想，应将有限的生命投入到无限的为人民服务中去。我们要始终抱着无私无我的态度去拼、去干、去实现，推进、完成每一项任务，不负青春、不负韶华。

（三）敢于创新突破，点燃生活激情

创新是民族进步的灵魂、社会竞争的核心。我国古代的造纸术、印刷术、火药、指南针这四大发明曾在世界上有很大影响力，相关科技水平在历史上较长时期处于世界领先地位，此外，我国的思想文化、社会制度、经济以及其他许多方面都对周边国家及地区发挥了重要辐射和引领作用。今天的中国比以往任何时候都更加需要创新驱动、创新引领。当今世界，经济社会发展越来越依赖理论、制度、科技、文化等领域的创新，国际竞争新优势也越来越体现在创新能力上。我国强调"大众创业、万众创新"，初衷就是释放全社会的创新潜能，让一切劳动、知识、技术、管理、资本的活力竞相迸发。每个人都是潜在的创新者或创新参与者，都有可能成为众创、众包、众扶、众筹中重要的一员。在创新创业的时代，国家有责任让创新大众化，让创新成为人民生活的常态，使创新成为全社会的一种价值导向、一种生活方式、一种时代追求，让大众的创新热情和创造智慧转化为创新实践，让有创新意愿和追求创新价值的人有施展本领的机会和空间，让大家都能成为创新的参与者和创新成果的分享者。

三、树立新时代劳动价值观

劳动创造幸福，实干成就伟业。大学生应当弘扬和传承"劳动最光荣、劳动最崇高、劳动最伟大、劳动最美丽"的新时代劳动价值观，在创造美好生活的同时，为人类文明的进步提供更多中国方案、贡献更多中国智慧。

（一）树立正确的劳动价值观，践行诚实劳动

习近平总书记用"人生在勤，勤则不匮"来勉励劳动者努力奋斗，创造价值；以"功崇惟志，业广惟勤"来鼓励青年努力读书，增长知识；用"空谈误国，实干兴邦"

来动员人们脚踏实地劳动，为国奉献；用"见贤思齐"来教育青少年学习劳模精神，树立正确的劳动观。诚实的劳动者会积极投身民族振兴的行列。改革开放创造了"中国奇迹"，这不是"天上掉馅饼"的事，而是人们在突破思想桎梏后，充分焕发劳动激情、积极劳动的结果，是全国人民奋发有为、辛勤耕耘的结果。从诸多对社会做出贡献的成功企业的角度来看，诚实经营也是企业发展的有力保障，是企业成功的必要条件。我们之所以倡导诚实劳动，是因为只有诚实劳动，才能营造健康的社会氛围。对社会而言，诚实劳动是社会转型和经济改革过程中规范社会关系的"润滑剂""稳定器"和"助推器"。通过诚实劳动创造美好生活是亿万人民的共同追求，有利于形成以诚实劳动为荣的社会氛围。对国家而言，只有倡导诚实劳动，才能在国际社会上赢得尊重，在国际体系中享有话语权。我们所处的新时代，是平凡人通过辛勤劳动也可以出彩的美好时代。我们要积极参与社会实践，在社会实践中检验所学知识、积累实践经验，在劳动中增强能力本领，在逐梦年代贡献自己的力量，通过诚实劳动实现梦想。

（二）热爱劳动，增强幸福感

热爱劳动是建立在崇尚劳动基础上的，是中华民族的传统美德，是对劳动行为所秉持的一种积极心态，是创造美好生活的劳动者所具备的精神品质。一个人要生存，要自立自强，要成就一番事业，就要养成自觉劳动的习惯，把劳动当成自己的职责，热爱劳动，以主人翁的态度对待劳动，用勤劳的双手创造生活、创造美。大学生积极参与劳动，能够通过实践的方式提高获得感，并且培养良好的劳动品德，养成良好的劳动习惯和劳动态度，学习相应的劳动知识，掌握更多的劳动技能，促进自身的发展。青年人需要干一行、爱一行，在各自的岗位上不仅要把事情做完，还要把事情做好、把事情做精，最终成就自己的奋斗梦想。全社会也要营造热爱劳动的风尚，让青年一代养成热爱劳动的习惯，让热爱劳动成为一种鲜明的价值标识，鼓励青年一代通过劳动实现自己的梦想，增强劳动的幸福感。

课后任务

任务1：你参加过哪些中华传统活动？

我的意见	参考意见

任务 2：你认为劳动能增加幸福感吗?

我的意见	参考意见

模块二　培养劳动精神与劳动习惯

任务一　培养劳动精神

> **名人名言**
>
> 我们世界上最美好的东西，都是由劳动、由人的聪明的手创造出来的。
>
> ——高尔基

学习目标

- 知识目标：
  了解劳动精神的意义和价值。
- 能力目标：
  将热爱劳动内化为自己的行为习惯，掌握相关的劳动技能和知识。
- 素质目标：
  树立正确的劳动价值观，培养勤劳品质和责任心，认识到只有努力和付出才能创造价值和财富。

劳模小故事

宁允展：高铁上的中国精度

宁允展是南车青岛四方机车车辆股份有限公司的一名车辆钳工，高级技师，高铁首席研磨师。他是国内第一名从事高铁转向架"定位臂"研磨的工人，也是这道工序最高技能水平的代表。他研磨的定位臂已经创造了连续十年无次品的纪录。他和他的团队研磨的转向架被安装在673列高速动车组上，奔驰9亿多千米，相当于绕地球2万多圈。

转向架是高速动车组九大关键技术之一，转向架上有个定位臂，是关键中的关键。在高速动车组运行时速达200多千米的情况下，定位臂和轮对节点必须有75%以上的接触面间隙小于0.05毫米，否则会直接影响行车安全。宁允展的工作，就是确保这个间隙小于0.05毫米。他的"风动砂轮纯手工研磨操作法"将研磨效率提高了1倍多，接触面的贴合率也从原来的75%提高到了90%以上。他发明的"精加工表面缺陷焊修方法"，修复精度最高可达

宁允展在工作现场

到 0.01 毫米,相当于一根细头发丝的 1/5。他致力于创新研究,主持了多项技术革新课题,还设计、制作了多种工装,其中有 2 项通过专利审查,获得了国家专利,他的发明每年为公司节约创效近 300 万元。一心一意做手艺,不当班长不当官,扎根一线 20 多年,宁允展与很多人有着不同的追求:"我不是完人,但我的产品一定是完美的。做到这一点,需要一辈子踏踏实实做手艺。"

学习感悟

_____

_____

_____

_____

_____

微课 2-1:
培养
劳动精神

知识要点

劳动创造价值和历史,劳动改变生活和命运。我们要以劳树德、以劳增智、以劳健体、以劳益美、以劳创新。人无精神不立,国无精神不强,良好的民族精神是一个民族赖以生存和发展的基础。推进中国式现代化和实现中华民族伟大复兴的中国梦需要中国精神,需要以改革创新为核心的时代精神,更需要团结统一、爱好和平、勤劳勇敢、自强不息的民族精神。劳动精神作为中国精神的重要组成部分,是实现中国梦的精神支撑,是中华民族宝贵的精神财富。

一、劳动精神的概念

劳动精神是指崇尚劳动、热爱劳动、辛勤劳动、诚实劳动的精神,是劳动者劳动意识、劳动理念、劳动态度、劳动习惯的集中展示。劳动精神集中体现了以劳动为基础的行为取向和教育理念导向,体现了个人与社会共同遵循的道德规范和价值取向。人民是历史的创造者,是决定党和国家前途命运的根本力量。劳动人民是国家的主人,是劳动精神的创造者。

二、劳动精神的内容

(一)崇尚劳动

崇尚劳动是指对劳动行为及其背后所蕴含的价值观念持有高度的尊敬与推崇。这不仅仅是对体力或脑力劳动的直接赞美,更体现了一种深刻的社会伦理观念,强调劳动是创造社会财富、推动文明进步和个人自我实现的重要途径。崇尚劳动的理念鼓励人们勤勉不息、勇于担当,从而促进社会的和谐与繁荣,是构建和谐社会、实现国家富强和民族复兴的重要基石。大学生崇尚劳动不仅是对个人成长的推动,还体现了对社会责任的担当,是塑造正确价值观、促进个人全面发展的重要途径。

（二）热爱劳动

热爱劳动是指个人对劳动持有积极、热情的态度，视劳动为生活的一部分，乐在其中，不懈追求通过劳动创造价值、实现自我成长与为社会做贡献。这种热爱不仅仅体现在对工作的认真负责上，更蕴含了对通过劳动改善生活、推动社会进步的深刻认同与不懈追求。热爱劳动不仅能够培养个人的责任感、自律性和解决问题的能力，还能够激发个人的创新精神，推动社会生产力不断发展。

（三）辛勤劳动

辛勤劳动是指个人以高度的专注、不懈的努力和持之以恒的精神投入到各种劳动中，展现出极大的勤奋与毅力。它不仅仅是简单地完成任务，而是蕴含了对工作质量的严格要求和对成果精益求精的追求。辛勤劳动是个人成长与实现自我价值的重要途径。通过不懈的努力，个人能够提升自己的技能、知识和经验水平，从而获得更多的成就感和自信。同时，辛勤劳动也是社会繁荣与进步的基石，它创造了物质财富和精神财富，推动了科技的进步、经济的发展和文化的繁荣。

（四）诚实劳动

诚实劳动是指个人在从事各类劳动时秉持诚实守信的原则，以真实、公正的态度完成工作任务，不弄虚作假，不投机取巧，而是依靠自身的努力和智慧来创造价值。诚实劳动强调对工作的尊重与敬畏、对质量的坚守与追求，以及对社会诚信体系的维护。诚实劳动是构建和谐社会与市场经济秩序的基石，能够促进公平竞争，增强社会信任感，推动经济持续健康发展。同时，诚实劳动也是个人品德修养的重要组成部分，它有助于培养个人的责任感、正直感和自律性，提升个人的社会声誉和职业形象。

大学生主题实践活动

三、如何培养劳动精神

（一）培养崇尚劳动的态度

崇尚劳动体现了对劳动的看法和态度，体现了对劳动者由内而外的尊重和赞美，体现了对劳动最光荣、劳动最崇高、劳动最伟大、劳动最美丽的由衷赞同。培养劳动精神离不开正确的价值观引导，我们可以开展多种形式的劳动精神宣传教育活动，营造崇尚劳动的文化氛围，在劳动实践中创造有特色的劳动文化。

1. 树立正确的劳动价值观

树立正确的劳动价值观是培养崇尚劳动的态度的基础，只有树立了正确的劳动价值观，才能真正地尊重劳动、热爱劳动。要树立正确的劳动价值观，尊重每一个劳动者，认识到每一个劳动者都是社会的重要组成部分，每个人的付出和努力都值得尊重和赞美。

2. 参加多种形式的劳动精神宣传教育活动

参加多种形式的劳动精神宣传教育活动，可以让大学生更好地了解劳动的价值和意义，增强对劳动的认同和热爱。可以通过参加主题班会、讲座、展览等活动，深入了解劳动的历史、现状和未来发展趋势，认识到劳动的重要性和价值。同时，也可以通过参加社会实践、志愿服务等活动，亲身感受劳动的乐趣和价值。

3. 营造崇尚劳动的文化氛围

营造崇尚劳动的文化氛围，可以让大学生在日常生活中感受到劳动的价值和意义，增强对劳动的认同和热爱。可以通过校园文化建设、宣传栏、校园广播等形式，营造崇尚劳动的文化氛围。例如，组织劳动主题的文化活动，如诗歌朗诵、歌曲演唱等，在参与活动的过程中感受劳动的价值和意义。

（二）培养爱岗敬业的精神

爱岗敬业的岗位意识、争创一流的业务能力、艰苦奋斗的工作作风、淡泊名利的道德情操、精益求精的意识、严谨专注的态度、追求卓越的精神等都是爱岗敬业精神的重要内容。

1. 培养爱岗敬业的岗位意识

岗位意识体现了对工作岗位的认同和热爱，体现了对工作职责和要求的认知和理解。要培养岗位意识，首先要认识到自己所学专业与未来职业的关系，了解所学专业的特点和发展趋势，增强对所学专业的兴趣和热情。其次，要在实际工作中感受工作的乐趣和价值，提高对工作岗位的认同感。

2. 培养争创一流的业务能力

业务能力是指在工作岗位上所需要具备的专业技能和综合素质。培养业务能力，首先要努力学习，掌握扎实的专业知识和技能。其次要注重实践，在实际工作中提高自己的业务能力和综合素质。

3. 培养艰苦奋斗的工作作风

艰苦奋斗的工作作风是指在工作中不怕困难、不畏艰辛、勇于奋斗的精神品质。要培养艰苦奋斗的工作作风，首先要认识到工作的艰辛和价值，增强对工作的敬畏之心。其次，要在实际工作中锻炼自己的意志和承受能力。

4. 培养淡泊名利的道德情操

淡泊名利的道德情操是指在工作中不为名利所动、不为金钱所诱、不为地位所累的精神品质。要培养淡泊名利的道德情操，首先，要认识到名利不是衡量成功的唯一标准，增强对道德和精神的追求。其次，要在实际工作中强化自己的道德情操和职业素养。

5. 培养精益求精的意识

精益求精的意识是新时代大学生劳动精神培育的重要内容之一。大学生在劳动实践中要注重细节，不断追求卓越，提高技能水平和工作效率。精益求精的意识是指不断提高对工作的标准和要求，不断追求更好的工作质量和效率的意识。要培养精益求精的意识，首先，要认识到精益求精的价值和意义，了解到只有不断提高自己的工作标准和要求，才能不断提升自己的工作能力和竞争力。其次，要注重在实际工作中感受精益求精的重要性和价值。

6. 培养严谨专注的态度

严谨专注的态度是指在工作中认真负责、细致入微的态度。要培养严谨专注的态度，首先，要认识到工作中的细节的重要性，了解只有做好每一个细节，才能保证工作质量和效率。其次，要注重在实际工作中养成严谨专注的态度和工作作风。

7. 培养追求卓越的精神

追求卓越的精神是指在工作中不断挑战自我、超越自我、追求卓越的精神品质。要培养追求卓越的精神，首先，要认识到追求卓越的价值和意义，了解到只有不断挑战自我、超越自我，才能不断提升自己的能力和竞争力。其次，要在实际工作中培养追求卓越的精神和良好的工作作风。

（三）培养吃苦耐劳的精神

吃苦耐劳是中华民族的优良传统之一，也是新时代大学生劳动精神培育的重要内容之一。在劳动实践中，我们要注重锻炼自己的意志品质，不怕吃苦，勇于接受挑战、面对困难。

1. 培养吃苦耐劳的精神

在学习和生活中，我们要认识到，只有不怕吃苦、勇于接受挑战和困难，才能取得更好的成绩，实现个人的发展。

2. 提高自律和自我管理能力

通过提高自己的自律和自我管理能力，可以更好地保持专注和认真的工作状态，不怕吃苦，勇于接受挑战、面对困难。

3. 培养甘于奉献的优良品质

甘于奉献的优良品质是指在工作中乐于付出、乐于奉献、乐于为社会和国家做出贡献的精神品质。要培养甘于奉献的优良品质，首先要认识到奉献的价值和意义，增强对社会的责任感和使命感。其次，要注重在实际工作中强化自己的奉献精神和职业素养。

（四）培养诚实守信的品质

诚实守信是中华民族的优良传统之一，也是新时代大学生劳动精神培育的重要内容之一。大学生在劳动实践中，要注重信誉和承诺，做到言行一致、信守承诺。

接受诚信教育是培养大学生诚实守信品质的重要途径之一。大学生可以通过参加课堂教育、实践活动等多种方式，养成诚信的意识和行为习惯。

（五）培养勇于实践和创新的精神

勇于实践和创新的精神是指在工作中敢于尝试、敢于创新、敢于突破的精神品质。大学生在学习和生活中，要积极投身实践，勇于尝试和创新，不断提高自己的实践能力和创新能力。同时，我们也可以积极参与团队合作，通过协作完成任务，以此锻炼自己的实践能力和创新能力。

（六）培养尊重他人的品质

尊重他人的品质是新时代大学生劳动精神培育的重要内容之一。尊重他人的品质需要同理心和沟通能力作为支撑。具备良好的同理心和沟通能力，可以更好地理解和尊重他人的意见和感受，与他人建立良好的沟通和合作关系。参与志愿服务活动，可以更好地理解和体验尊重他人的重要性。我们可以通过志愿服务活动，加深对尊重他人的认识和理解，锻炼自己的同理心和沟通能力。

知识拓展

劳模精神、劳动精神、工匠精神

在长期实践中，我们培育形成了爱岗敬业、争创一流、艰苦奋斗、勇于创新、淡泊名利、甘于奉献的劳模精神，崇尚劳动、热爱劳动、辛勤劳动、诚实劳动的劳动精神，执着专注、精益求精、一丝不苟、追求卓越的工匠精神。劳模精神、劳动精神、工匠精神是以爱国主义为核心的民族精神和以改革创新为核心的时代精神的生动体现，是鼓舞全党全国各族人民风雨无阻、勇敢前进的强大精神动力。

——2020年11月24日习近平总书记在全国劳动模范和先进工作者表彰大会上的讲话

（七）锻炼劳动能力

通过实践活动，大学生可以锻炼自己的劳动能力，加深对劳动的认识和理解。

（1）积极参加课堂实践。我们可以通过参与实验、实训等方式，在实践中掌握知识和技能，锻炼劳动能力。

（2）参加企业实训。目前许多高校与企业建立了合作关系，大学生可以借此机会参加实习、实践，接触实际的工作环境和任务，锻炼自己的劳动能力。

（3）积极参加社会实践活动。大学生可以参加各种社会实践活动，如志愿服务、社会调查、科技创新等，在实践中锻炼自己的劳动技能，提高劳动能力，加深对劳动的认知和理解。

（4）积极参与课外实践活动。大学生可以在课余参与各种课外实践活动，如学术科研、文化艺术、体育竞赛等，在实践中锻炼自己的劳动能力，培养兴趣爱好和特长。

"大手牵小手"劳动教育实践活动

知识拓展

我国最早记录劳动者的诗篇

《诗经》中就有对劳动的记载，而且极为详细。《诗经》中的《十亩之间》，描绘了采桑人轻松愉快的劳动场面和结束劳动后欢呼雀跃回家的场景，他们收获满满，极为惬意。《诗经》中还有一首《芣苢》，包含采摘车前子草的乐歌。《伐檀》中的劳动者虽然辛劳，但内心是愉悦的。《诗经》中有许多与劳动相关的诗，这些是我国最早记录劳动者的诗篇，开创了歌颂劳动的先河。

课后任务

任务1：在日常生活中，你是如何践行劳动精神的？请分享几个具体的例子。

我的意见	参考意见

任务 2：你认为劳动精神应该如何培养？

我的意见	参考意见

任务二　培养劳模精神

> **名人名言**
>
> 劳动模范是民族的精英、人民的楷模，是共和国的功臣。
>
> ——习近平

学习目标

- 知识目标：
  了解劳模精神的内涵和价值，理解劳模精神对于个人和社会发展的重要性。
- 能力目标：
  提高自我管理和自我激励的能力，提高创新思维和解决问题的能力。
- 素质目标：
  培养勤奋、认真、负责、坚韧的品质，能不畏困难、不屈不挠地追求自己的目标和理想；培养诚信、正直、公正的道德品质，遵守社会规范和职业道德。

 劳模小故事

管延安：锤子"敲"出的大国工匠

港珠澳大桥是粤港澳三地首次合作共建的超大型跨海交通工程，其中岛隧工程是该桥的关键部分，这也是目前全球建设中最长的公路沉管隧道。这个工程采用了世界最高标准，其设计和施工的难度和挑战都是世界级的，因此被誉为"超级工程"。

在这个重大工程中，有一位普通的钳工因表现出色，成了明星工人。他就是管延安，中交港珠澳大桥岛隧工程Ⅴ工区航修队的首席钳工。他安装的沉管设备已经成功完成了18次海底隧道对接任务，而且没有任何一次出现问题。他所安装的沉管设

备的接缝处的间隙误差达到了"零误差"的标准。他的操作技艺十分高超，被誉为中国"深海钳工"第一人。

"零误差"来自管延安对工作的极度认真和严谨。他有两个习惯，一是对每次修理过的机器和零件，他都会做详细的笔记，将每个细节都记录在他的"修理日志"上。无论遇到什么问题，他都会记录下来以供后续参考。从开始工作到现在，他已经记了四本厚厚的日志，在空闲的时候，他会反复阅读这些记录，以便温故知新。二是在维修后的机器被送走前，他会进行至少三次检查。正是出于这种对完美的追求，他不厌其烦地重复检查和练习，技术越发精湛。

管延安在现场作业

管延安说："我最喜欢听的声音就是锤子敲击时发出的声音。"在过去的二十多年里，虽然经历了很多艰苦的时刻，但他深深地体验到了其中的乐趣。

 学习感悟

_____

_____

_____

_____

_____

知识要点

作为中国共产党人精神谱系的重要组成部分，"爱岗敬业、争创一流、艰苦奋斗、勇于创新、淡泊名利、甘于奉献"的劳模精神具有鲜明的理论特色、实践特色、民族特色和时代特色，生动体现了以爱国主义为核心的民族精神和以改革创新为核心的时代精神，集中反映了中国劳动者的历史主体精神，是鼓舞全党全国各族人民实现第二个百年奋斗目标、以中国式现代化全面推进中华民族伟大复兴的强大精神动力。以习近平新时代中国特色社会主义思想，特别是习近平总书记关于劳模精神的重要论述为指引，立足劳模精神的理论创新与实践探索，系统总结劳模精神的理论意蕴和实践路径，具有重要意义。

一、劳模精神的理论基础与历史依据

（一）劳模精神的理论基础

马克思主义劳动观是劳模精神的理论来源。劳动是马克思主义经典作家"理解全部社会史的锁钥"，是贯穿马克思主义哲学、政治经济学和科学社会主义的核心理论。马克思指出，"我的劳动是自由的生命表现，因此是生活的乐趣"。劳动创造人和人类

社会，劳动过程是人满足自己生存、生活的需求并使自己获得主体性的过程。劳动决定人的本质，劳动创造物质财富，在满足人的物质需要的同时，在一定程度上也实现了人对自我的认知，并最终通过劳动解放成为人自由、自觉的活动，为实现人类的本质复归和全面解放提供最直接的条件。列宁强调社会主义制度条件下劳动者及其劳动的自由属性，指出"他们千百年来都是为别人劳动，被迫为剥削者做工，现在第一次有可能为自己工作，而且可以利用技术和文化的一切最新成就来工作了。用为自己劳动取代被迫劳动，是人类历史上最伟大的更替"。劳模精神在本质上体现了人的自主劳动精神。自主劳动建构起了劳动者与劳动价值观、劳动情感态度、劳动对象、劳动过程、劳动目标之间的统一性关系。在此种意义上，劳模的劳动就具有了极其鲜明的主体性特征，劳模精神也就成了劳动主体自由、自觉性的精神表征。正是在"为自己劳动"的过程中，劳模精神体现了对"异化劳动"的积极扬弃，以及对劳动自由、劳动创造和劳动幸福的充分肯定。

（二）劳模精神的历史根据

党领导人民所创造的革命文化和社会主义先进文化为劳模精神的生成发展提供了丰厚滋养与深厚底蕴。中国共产党在领导中国人民进行伟大斗争、建设伟大工程、推进伟大事业、实现伟大梦想的历史进程中，在长期奋斗中创造了革命文化和社会主义先进文化，构建起中国共产党人的精神谱系，锤炼出鲜明的政治品格，彰显了中国共产党人高尚的思想境界、崇高的价值追求、顽强不屈的意志品格、开拓进取的创造精神，激励着一代又一代中国共产党人和亿万名劳动者以主人翁姿态胸怀全局、顽强拼搏、创新创造、接续奋斗。在党的精神谱系中，这些红色精神的实践主体在一定意义上都是具有劳模精神的劳动者，他们为劳模精神的形成、发展提供了极其丰富的精神因子；同时，这些精神因子通过激扬理想信念、彰显思想情操、凝聚价值共识、淬炼行动自觉，不断强化劳模精神的红色底蕴。

劳模评选制度创始于中华苏维埃共和国临时中央政府时期，成形于陕甘宁边区政府时期，普及于社会主义革命和建设时期，转型于改革开放时期，光荣绽放于中国特色社会主义新时代，其在推进革命斗争、强化国家治理、实现社会动员、建构核心价值体系、凝聚精神力量的过程中，具有不可或缺的重要地位和作用。尽管不同时期劳模的评选标准、评选范围及其典型特征有所变化，但均与党的中心任务、工人运动的时代主题、主流意识形态和核心价值体系等方面密切相关。同时，不同历史时期劳模评选的丰富实践，以及所选树的典型劳模代表，共同构成了劳模精神形成、发展、丰富、完善的制度基础、实践基础和群众基础。

二、劳模精神的含义及基本内容

（一）劳模精神的含义

劳模精神是在劳动实践中体现出来的爱岗敬业、争创一流、艰苦奋斗、勇于创新、淡泊名利、甘于奉献的精神。它是劳动者在劳动过程中所体现出来的优秀品质和精神风貌，是新时代的精神力量。劳模精神以劳动为现实基础，以对特定时代问题的回应为导引，随社会实践的变化而被不断地注入符合时代精神的新元素。

（二）劳模精神的基本内容

1. 爱岗敬业

劳动者要对自己的工作充满热爱，尽心尽力地履行自己的职责，以高度的责任感和使命感对待工作，这是对劳动者最基本的要求，也是最高尚的职业道德的体现。这种精神体现在每一个细节中，无论是在艰难的工作环境中，还是在面临困难和挑战时，劳动者都能以坚定的信念和热情，全力以赴地完成自己的任务。爱岗敬业的劳动者会时刻关注自己的工作质量，不断提升自己的专业技能，以更高的标准和要求对待自己的工作。他们会积极寻求解决问题的方法，主动承担责任，不怕失败，敢于尝试，始终保持对工作的热情和动力。在爱岗敬业的精神指引下，劳动者不再是被动的执行者，而是工作的主人，是推动社会进步的重要力量。他们的工作是对社会价值的创造，是自我价值的实现和提升。因此，爱岗敬业不仅仅是一种职业精神，更是一种生活态度和价值追求。只有真正热爱自己的工作，才能投入最大的热情和精力，才能在工作中找到真正的快乐和满足。而这种快乐和满足，也会反过来使劳动者产生更大的工作热情和动力，形成良性循环，推动个人和社会不断进步。

2. 争创一流

劳动者要积极进取，勇攀高峰，以取得卓越的工作业绩为目标，不断提高自己的能力水平。劳动者对自己高标准要求，也是其实现个人价值和社会价值的必经之路。这种精神体现在劳动者对工作的追求中：劳动者不满足于完成工作任务，要追求卓越的工作业绩，以高标准和高要求对待自己的工作。争创一流的劳动者会时刻关注行业发展趋势，了解新技术和新工艺，不断提升自己的专业能力和水平。他们会主动寻求学习和培训的机会，掌握更多的技能和知识，以应对不断变化的市场环境和工作需求。

3. 艰苦奋斗

劳动者要勇于面对困难和挑战，不畏艰辛，不屈不挠，以顽强的意志和毅力战胜困难，这是对劳动者的重要品质要求，也是其实现个人价值的基础。这种精神体现在劳动者对待困难和挑战的态度上。艰苦奋斗的劳动者会时刻保持积极向上的心态，在面对困难和挑战时不退缩、不气馁。他们会以乐观的心态和积极的态度面对困难，从困难和挑战中寻找机遇和挑战自我的机会。艰苦奋斗的劳动者不仅仅是为了自己的职业发展而努力，更是为了推动社会的进步和发展而奋斗。他们的每一次进步和成功，都是对社会价值的创造，是自我价值的实现和提升。

4. 勇于创新

劳动者要积极探索新的工作方法和思路，以创新的思维和方式解决问题，推动工作的创新发展。这种精神体现在劳动者对待工作的态度和方法上。勇于创新的劳动者会时刻保持敏锐的市场洞察力和创新意识，关注新技术、新工艺和新方法的应用和发展，以开放的思维和心态接受新事物、尝试新方法，以创新的思维和方式解决问题，提高工作效率和质量。在勇于创新的精神指引下，劳动者不再满足于传统的工作方法和思路，而是会积极探索新的工作方法和思路。

5. 淡泊名利

劳动者要以国家和人民的利益为重，不计较个人得失，以无私奉献的精神为社会做贡献。这种无私奉献的精神体现在劳动者对待名利时，以国家和人民的利益为重，不计较个人得失。淡泊名利的劳动者会时刻保持清醒的头脑和高尚的道德情操，不为名利所迷惑，不为金钱所驱使。他们会以国家和人民的利益为重，将个人的利益放在次要位置，以无私奉献的精神为社会做贡献。

6. 甘于奉献

劳动者要以高度的社会责任感和使命感对待工作，以无私奉献的精神为社会做贡献。这是对劳动者的高尚品质要求，也是其实现个人价值和社会价值的必由之路。甘于奉献的劳动者可以不断推动社会的进步和发展。在甘于奉献的精神指引下，劳动者不再将工作视为简单的赚钱手段，而是将其视为社会做贡献、实现人生价值的途径。

> **知识拓展**
>
> ### 劳模精神的文化基础
>
> 中华优秀传统文化奠定了劳模精神的文化基础，劳模精神的形成和发展离不开中华优秀传统文化的深厚滋养。女娲补天、大禹治水、后羿射日、神农尝百草等神话故事，展现出先民艰苦奋斗、自强不息、舍己为公、无私奉献的精神品格。《论语》中的"执事敬""事思敬""敬其事而后其食"，《周易》中的"天行健，君子以自强不息""举而措之天下之民谓之事业"，《尚书》中的"功崇惟志，业广惟勤"，《左传》中的"民生在勤，勤则不匮"等，传达出中华民族敬业乐业、勤劳勇敢、自强不息、革故鼎新、吃苦耐劳的价值理念。

三、如何培养劳模精神

（一）在理论学习中知悉劳模事迹

大学阶段是人生学习的重要阶段，是人的世界观、人生观和价值观形成的关键时期。大学生应该在系统的理论学习中明确什么是劳模精神、为什么要学习劳模精神，以及劳模精神对自身的影响，通过学习劳模事迹，认识劳模精神，在学习过程中充分发挥主观能动性，认清劳模精神对自身的重要影响，构建完整的知识体系，为今后的学习和实践打下坚实基础。具体而言，我们可以通过参加学校组织的思政课、讲座、研讨会等活动，深入了解劳动模范的事迹和精神风貌，认识到劳动对于个人成长和社会进步的重要性。同时，我们还可以利用课余时间，通过阅读相关书籍、观看纪录片等方式，进一步加深对劳模精神的理解和认识。

（二）在生活实践中磨炼劳模品质

大学生要注重在理论学习之后主动践行劳模精神，磨炼劳模品质。大学生在理论学习之后，要主动复习劳模精神的相关理论内容，并将相关理论付诸实践。日常实践是劳模精神培育的关键所在，可以为大学生在学习、生活以及今后进入社会、步入工作岗位打下坚实基础。在学习中，大学生要积极主动向班级模范看齐，激发自身的学习主动性，积极参加社会实践活动，学习并磨炼劳动模范品质。我们还应主动参与校园文化活动和社会实践，通过亲身体验感受劳动的价值和意义。可以参加志愿服务活动，为社区或学校提供力所能及的帮助，积极参加创新创业项目或劳动竞赛，通过实践来锻炼自己的能力。我们还可以参与劳模精神主题演讲比赛、劳模精神主题征文比赛等校园文化活动，在参与活动的过程中更加深入地理解和认同劳模精神。

（三）在完善自我中弘扬劳模精神

青年时期是世界观、价值观形成的关键时期，当代大学生应充分发挥主观能动性，在进行理论知识学习的同时，主动进行自我教育，在学习和日常生活中弘扬劳模精神。在新时代，经济和科技迅速发展，在给人们的日常生活带来便捷的同时，使体力劳动逐渐被脑力劳动取代，出现了"重智轻劳"思想以及享乐主义、投机主义。当代大学生出生于经济迅速发展的时代，一些同学对劳动模范认识不足，弘扬劳模精神的主观意愿不

省级劳模为大学生做报告

强烈，需要调动自身主观能动性，在了解劳动模范的同时，在自我教育中处理好劳模精神理论认识与实践活动之间的关系。一方面，对劳模精神的相关理论知识进行学习与复习；另一方面，要自我教育、自我完善，为日后践行劳模精神打好基础。只有这样，我们才能真正了解并弘扬劳模精神。

> **小贴士**
>
> "爱岗敬业、争创一流，艰苦奋斗、勇于创新，淡泊名利、甘于奉献"，这是劳模精神的内涵，也是成为劳模的必备条件。如今，我国经济已进入高质量发展阶段，需要更多知识型、技能型、创新型劳动者，只要有想法、肯干事、敢创新，任何人都有机会成为劳模。受表彰的全国劳动模范符合党中央、国务院确定的推荐评选条件，并具有以下三个突出特点：一是具有很强的政治性和先进性，具有省部级表彰奖励的荣誉基础，并且近5年来创造了突出业绩；二是具有广泛的代表性和群众性，人选基本涵盖各个领域和行业，尤其是来自基层一线的人所占比例较大；三是选树先进典型，他们无私无畏，为社会做出了突出贡献。

五、大学生培养劳模精神的意义

劳模精神是全社会劳动者群体在劳动实践中所展现出来的精神风貌和道德品格，

是全社会公民应当遵循的道德要求和行为准则。弘扬和培育劳模精神,有利于激发广大劳动者的劳动热情和创新创造活力,推动经济社会高质量发展。培养和弘扬劳模精神对于新时代大学生的意义有以下几点。

(一) 劳模精神具有重要的理论价值

劳模精神强调的是勤奋、努力,以及团结协作的精神。它强调艰苦奋斗,为国家的发展和进步而努力。它强调个人应把国家的利益放在首位,坚持不懈地追求社会公平正义。它强调要以自觉的态度投身于社会实践,克服困难,不断取得进步。这些精神品质对于大学生来说是非常宝贵的精神财富,能够帮助大学生树立正确的世界观、人生观、价值观。

(二) 劳模精神具有重要的实践意义

劳模精神鼓励人们以自身的实际行动推动个人和社会的发展。它鼓励人们以勤奋上进的态度为国家做出贡献,不断进步,不断创造价值。劳模精神有助于推动社会的发展,也有助于凝聚力量,为实现目标而奋斗。对于大学生来说,培养劳模精神能够培养大学生的责任心和团队精神,让我们更好地适应并融入社会。

(三) 培养劳模精神有助于了解国情和民情

劳模的事迹反映了我国社会的发展历程和人民的生活状况,通过学习他们的事迹,大学生能够更深入地了解国情和民情,增强对国家和人民的感情和责任感。

(四) 培养劳模精神能够提高综合素质

劳模的事迹往往体现了其多方面的优秀品质和能力,如创新能力、沟通能力、领导力等。学习他们的事迹,有助于大学生提高自己的综合素质。

劳模精神是大学生的宝贵财富,是我们前进的动力。大学生应该深入学习和理解劳模精神,将其内化为我们的行动指南,以此推动我们的学习和生活不断向前发展。

知识拓展 **全国劳动模范和全国"五一"劳动奖章获得者**

全国劳动模范和全国"五一"劳动奖章获得者都是国家级的劳动模范和先进人物的典型代表。全国劳动模范一般在年终评比中产生,经逐级推选,最终成为国家级劳动模范。全国"五一"劳动奖章是为了纪念"五一"国际劳动节专设的表彰先进劳动者的奖章,一般在五月一日进行评比,并逐级推选。两者颁发的荣誉单位级别不一样,全国劳动模范由党中央、国务院授予,是国内最高层次的奖项,每五年评选表彰一次,是对在社会主义建设中做出突出贡献的劳动者的褒奖;全国"五一"劳动奖章是由全国总工会为奖励那些在社会主义建设事业中做出突出贡献的职工而颁发的奖章,在每年"五一"国际劳动节前夕进行表彰。

📝 **课后任务**

任务1：请参加一次劳模进校园活动，并谈谈你的体会和感悟。

我的意见	参考意见

任务2：请谈谈劳模事迹中对你的生活、学习影响最大的一件事。

我的意见	参考意见

任务三　培养工匠精神

名人名言

业精于勤荒于嬉，行成于思毁于随。

——韩愈

学习目标

- 知识目标：
  了解工匠精神的概念、核心价值观和历史渊源。
- 能力目标：
  能够分析和评估工作中的工匠精神，运用其解决问题并提升个人素质。
- 素质目标：
  培养热爱工作、专注细节、注重品质、勇于创新等职业素养。

📝 **劳模小故事**

胡双钱：精益求精，匠心筑梦

"学技术是其次，学做人是首位，干活要凭良心。"胡双钱喜欢把这句话挂在嘴边，这也是他技工生涯的注脚。

胡双钱是上海飞机制造有限公司的高级技师，一位坚守航空事业35年、加工的

胡双钱在公司车间内作业

数十万个飞机零件无一差错的普通钳工。对质量的坚守已经是他融入血液的习惯。他心里清楚，一个差错可能就意味着无可估量的损失，甚至要付出生命的代价。他用自己总结归纳的"对比复查法"和"反向验证法"，在飞机零件制造岗位上创造了35年零差错的纪录，他所坚守的岗位连续12年被公司评为"质量信得过岗位"，还被授予产品免检荣誉证书。

胡双钱在工作中不仅无差错，还特别能攻坚。在ARJ21新支线飞机项目和大型客机项目的研制和试飞阶段，设计定型及各项试验的过程中需要许多特制零件，这些零件无法进行大批量、规模化生产，钳工作业是进行零件加工最直接的方式。胡双钱几十年的积累和沉淀发挥了作用，他攻坚克难，创新工作方法，圆满完成了ARJ21-700飞机起落架钛合金作动筒接头特制件制孔、C919大型客机项目平尾零件制孔等各种特制件的加工工作。凭借精湛的技术和精益求精的工匠精神，胡双钱先后获得全国"五一"劳动奖章和全国劳动模范、全国道德模范等称号。

"一定要把我们自己的装备制造业搞上去，一定要把大飞机搞上去。"已经50多岁的胡双钱现在最大的愿望是"最好再干10年、20年，为中国的大飞机制造多做一点贡献"。

🎙 **学习感悟**

_____
_____
_____
_____
_____

🔧 **知识要点**

一、工匠精神的概念

工匠精神是职业道德、职业能力、职业品质的体现，它体现了劳动者对职业劳动的执着态度、精益求精的工作作风和对所从事职业的忠诚与热爱，是从业者的一种职

微课 2-2：培育工匠精神

业价值取向和行为表现。工匠精神不仅关系到技术技能型人才自身的成长、发展，而且关系到我国的制造业转型升级和产业结构优化升级。因此，培育和弘扬工匠精神是我国现代职业教育发展的需要，更是我国经济社会发展的必然要求。

二、工匠精神的基本内容

（一）执着专注

执着专注，是指个人在面对目标或任务时，展现出坚定不移的决心、持续不断的努力和高度集中的注意力，不因一时的困难或挫折而轻易放弃，而是持之以恒地追求既定目标，直至达成或超越目标。这种精神特质体现了对事业的热爱与执着、对挑战的无畏与勇气，以及对自我潜能的深度挖掘与不懈探索。

1. 坚定不移的决心

执着专注首先体现在面对挑战与困难时，个人所展现出的坚定不移的决心。这种决心如同灯塔，指引他们奋勇前行，不因一时的挫败而动摇，始终保持对目标的清晰认知与执着追求。

2. 持续不断的努力

努力是执着专注的实践体现。在追求目标的过程中，个人不仅要有明确的计划，更要付诸行动，通过日复一日的坚持与努力，不断积累经验、提升能力，逐步接近并最终实现目标。

3. 高度集中的注意力

高度集中的注意力是执着专注的内在要求。它意味着在从事某项任务或追求某个目标时，个人能够全神贯注，排除外界干扰，将全部精力投入到当前的任务中，确保每一项操作都精准到位，每一分投入都能转化为实际的成果。

执着专注是实现梦想与目标的关键驱动力，也是创新与卓越的重要源泉，它促使人们在专业领域深入钻研，不断突破限制，推动社会进步。

（二）精益求精

精益求精是工匠精神的核心内容。它要求人们追求卓越，注重细节，对工作精益求精。

1. 对工作过程精益求精

工匠精神要求人们在工作中精益求精，不断对工作过程进行优化，提高工作效率和质量。工匠们为了使工作达到最佳效果，会不断改进工艺流程，完善工作方法，使整个工作过程更加高效、精确。这种对工作过程的精益求精不仅是对技术的追求，更是职业精神的体现。

2. 对产品质量精益求精

工匠精神要求对产品品质进行严格的把关，追求卓越的品质。工匠们深知，只有高质量的产品才能在市场竞争中立于不败之地，会对每一道工序、每一个细节进行严格的控制，力求使产品质量达到最高水平。这种对产品质量的精益求精不仅是对企业信誉的保障，更是对消费者权益的尊重。

3. 对创新创造精益求精

工匠精神要求人们在工作中不断创新创造，追求更完美的工作方法。工匠们深知只有不断创新才能保持企业的竞争优势，会对每一项技术、每一个设计不断进行改进，力求使产品更加符合用户需求、更加具有竞争力。这种对创新创造的精益求精不仅是对技术进步的推动，更是对社会发展的贡献。

（三）一丝不苟

一丝不苟指在工作中对每一个细节都保持极高的关注度与精确度，不容许丝毫的马虎与疏漏。一丝不苟的精神是工匠们在实践中不断锤炼与积累的宝贵财富，它不仅体现在对技艺的精湛掌握与质量的严格把控上，更体现在不断创新与敬业奉献的精神上。这种精神不仅推动了技艺的传承与发展，更为社会的进步与繁荣做出了重要贡献。

1. 精湛技艺的锤炼

工匠们在日常工作中对技艺的锤炼达到了近乎苛刻的程度，在自己从事的领域内不断钻研，精益求精。这种对技艺的极致追求不仅体现在对工艺的熟练掌握上，更体现在对流程的不断优化与创新上。他们通过长期的实践积累了丰富的经验，能够精准地把握每一个细节。

2. 严格的质量把控

一丝不苟的精神还体现在对质量的严格把控上。工匠们在制作产品时不容许任何环节的疏漏与马虎，时刻保持高度的警惕与专注，确保每一个环节都达到最佳状态。他们还会对产品进行严格的检验与测试，确保产品符合既定的质量标准与客户需求。

3. 敬业与奉献精神

一丝不苟的精神还体现在工匠们的敬业与奉献精神上。他们对自己的职业充满了热爱与敬畏，愿意为之付出毕生的精力与心血。无论是面对艰难的任务还是烦琐的工作流程，他们都会保持高度的责任感与使命感，确保每一项任务都顺利完成。同时，他们也乐于将自己的技艺与经验传授给后辈，为技艺的传承与发展贡献自己的力量。

一丝不苟的精神是个人持续进步的重要动力，能促使我们在面对困难与挑战时始终保持高度的责任心与使命感，通过不断的自我挑战与超越，实现个人能力与品质的双重提升。同时，这种精神也是推动社会进步与创新的重要源泉，它鼓励人们在各自的领域内不断探索与突破，共同推动社会的繁荣发展。

（四）追求卓越

追求卓越是工匠精神的核心内容之一，代表着对品质、技艺和创新的无限追求，即永不满足于现状，始终寻求更高层次的突破。对工匠们而言，卓越不是一种偶然的结果，而是日复一日、年复一年，通过不懈努力和持续精进达到的境界。

1. 技艺精进，永无止境

追求卓越的首要内涵在于技艺的精进与提升。工匠们深知，技艺的提升没有终点，只有不断学习与实践，才能保持技艺的卓越。他们通过长期的训练与摸索，积累了丰富的经验，形成了独特的技艺风格。同时，他们也始终保持对新技术、新方法的敏锐感知，不断吸收新的知识与技能，提升自己的技艺水平。这种永不停歇的学习与精进是追求卓越的重要体现。

国宝级焊工、全国劳动模范陈庆
与学生们交流焊接技术

2. 细节至上，品质为先

追求卓越的另一个重要内涵在于对细节的极致关注与品质的严格把控。工匠们深知，品质是产品的生命线，细节则是品质的基石。他们在产品制作过程中，会时刻保持高度的警惕与专注，对每一个细节都进行严格的把控与优化。这种对品质的极致追求不仅提升了产品的竞争力，更赢得了客户的信赖。

3. 创新突破，引领潮流

工匠们不仅注重技艺的传承与发扬，更具备创新的精神与勇气。他们敢于挑战传统，敢于尝试新的工艺与方法，不断推动技艺的革新与进步。通过不断的实践与创新，他们不仅能够提升个人的技艺水平，更能为整个行业的发展注入新的活力与动力。

> **知识拓展**
>
> **工匠精神的发扬**
>
> 我国自古就有尊崇和弘扬工匠精神的优良传统。正是因为一代代劳动者对工匠精神的继承与发扬，我国才得以成长为当今的世界制造大国。
>
> 中华人民共和国成立以来，中国共产党在带领人民进行社会主义现代化建设的进程中，始终坚持弘扬工匠精神，神州大地上涌现出一大批追求极致、精益求精的工匠：湖南华菱湘潭钢铁有限公司焊接顾问艾爱国能用一把焊枪在眼镜架上"引线绣花"，在紫铜锅炉里"修补缝纫"，也能给大型装备"把脉问诊"；中铁二局二公司隧道爆破高级技师彭祥华能在岩层间做到精准爆破，误差控制远小于规定的最小值；金川集团铜业有限公司贵金属冶炼分厂提纯班班长潘从明数十年如一日专注于铂族贵金属高效提炼技术，能根据溶液的颜色迅速判断铜、铁等杂质含量……小到一枚螺丝钉、一根电缆的打磨，大到飞机、高铁等大国重器的锻造，都展现出工匠们笃实专注、严谨执着的匠心。

三、如何培养工匠精神

（一）增强爱岗敬业的精神

1. 认真对待专业知识和技能的学习

在现代职业教育中，专业知识和技能的学习是必不可少的。掌握扎实的专业基础，我们才能在未来的职业生涯中有所作为。因此，我们应积极参与课堂学习，主动寻求实践机会，不断提升自己的专业素养和实践能力。同时，还要关注行业动态和前沿技术，不断更新自己的知识体系，以适应不断变化的职业环境。我们可以通过课堂学习和参加讲座、实习了解自己所学专业的背景、发展前景以及工作要求，激发对所学专业的兴趣和热爱，从而更好地发挥自己的潜力。

2. 深刻了解实践的意义

我们应将实践作为提升爱岗敬业精神的重要途径。通过参与实习、社会实践、志愿服务等活动，我们可以亲身体验工作的艰辛与乐趣，感受劳动的价值和意义。在实践中，要时刻保持敬业精神，认真履行自己的职责，尽力做到最好，通过实践更好地了解自己所学专业的实际应用和未来职业的发展方向。通过实践，我们不仅能够提升自己的综合素质，还能够增强对职业的热爱和敬畏之心。

3. 增强职业荣誉感和责任感

职业荣誉感和责任感是现代职业教育需要重点培养的方面。大学生肩负着为社会做出贡献的使命。因此，我们应时刻铭记自己的职业身份，以工匠精神要求自己，追求卓越、精益求精，认真对待每一个工作任务，尽力做到最好。同时，我们通过参与各类评优评先活动，如优秀毕业生、优秀实习生、优秀工匠等的评选，通过参加各种形式的教育活动和宣传，也可以增强职业荣誉感和责任感。

（二）培养精益求精的精神

1. 明确自己的职业追求和目标

追求卓越，意味着要不断设定更高的标准，挑战自己的极限。我们应认真规划自己的职业发展路径，明确每个阶段的目标和任务，确保自己在前进的道路上始终保持正确的方向。

2. 注重细节，提升工作品质

在日常学习和生活中，我们应时刻保持敏锐的洞察力，关注每一个细节，确保自己的工作成果经得起推敲和检验。也要不断反思自己的不足，及时改进和提高，追求完美的工作品质。

3. 积极参与活动

我们要积极参与各种课堂教育、案例分析以及实践操作等活动，不断学习和吸收新知识、新技能。通过这些活动，深入地理解精益求精的重要性，掌握实际操作的技巧和方法，提升自己的专业技能和素质。

（三）激发追求卓越的精神

1. 积极树立追求卓越的目标和信念

我们要明确自己想要达到的高度，设定具体的、可实现的目标，并为此付出坚持不懈的努力，并时刻提醒自己保持积极向上的心态，勇于面对挑战和困难，不断挑战自我，追求超越。

2. 注重培养自己的创新意识和能力

在学习和实践中，我们要保持敏锐的洞察力，关注行业发展的最新动态，不断探索新的技术、新的方法，以及解决问题的新思路，主动参与技能竞赛等活动，与同学们一起探讨问题，分享创新想法，激发彼此的创造潜能。

3. 珍惜实习实训的机会

通过实习实训，我们可以接触到真实的工作环境，了解行业内的最新技术，提高自己的实践能力，还能更好地了解市场需求和行业动态，为未来的职业发展做好充分准备。

酒店管理专业的学生在制作点心

四、大学生培养工匠精神的意义

（一）促进个人全面发展

我们不仅要注重专业知识和技能的培养，更要注重培养自身的职业素养和职业道德。工匠精神强调对工作的专注、精益求精、追求卓越和对所从事职业的忠诚与热爱，这些品质对于大学生的全面发展至关重要。

（二）提升就业竞争力

在就业市场竞争日益激烈的背景下，培育工匠精神可以提升大学生自身的就业竞争力。工匠精神可以帮助大学生更好地适应工作环境，提高工作效率和质量，同时获得更多的职业发展机会。

（三）推动社会经济发展

大学生是未来社会发展的重要力量，具备工匠精神的大学生可以为社会经济发展注入强大的动力。在实现制造业转型升级和产业结构优化升级的过程中，需要大量具备工匠精神的高素质人才，其中就包括具备工匠精神的大学生。

（四）促进创新创业

工匠精神强调对工作的精益求精和创新，这正是在现代社会创新创业者所需要的重要品质。具备工匠精神的大学生更有可能在创新创业方面取得成功，因为他们会以更高的标准要求自己，不断追求卓越和创新。

（五）增强国家战略人才力量

加快建设国家战略人才力量，努力培养造就更多大国工匠、高技能人才至关重要。大学生是未来国家战略人才的重要组成部分，培养大学生的工匠精神有助于增强国家战略人才力量，推动经济社会的发展。

知识拓展

千年工匠在中国

《周礼》中关于制造业的重要文献《考工记》曰:"审曲面势,以饬五材,以辨民器,谓之百工。""百工"指的是制备民生器具的人,是周代主管营建、制造的职官名,又可泛指各种从事生产制造的人。这些从事生产制造的人就是工匠。

《天工开物》是世界上第一部关于农业和手工业生产的综合性著作,也是中国古代一部综合性的科学技术著作,有人称它是一部百科全书式的著作。它的作者是明代科学家宋应星。《天工开物》记载了明朝中叶以前中国古代的各项技术。外国学者称它为"中国17世纪的工艺百科全书"。

课后任务

任务1:请参加一次工匠进校园活动,并谈谈你的体会和感悟。

我的意见	参考意见

任务2:请分享一件在你的生活或学习中,工匠精神对你产生了较大影响的事。

我的意见	参考意见

任务四　养成良好的劳动习惯

> **名人名言**
>
> 任何一个民族，如果停止劳动，不用说一年，就是几个星期，也要灭亡，这是每一个小孩子都知道的。
>
> ——马克思

学习目标

- 知识目标：

  掌握良好的劳动习惯的内容，理解培养良好的劳动习惯的重要意义，了解良好的劳动习惯的种类和养成路径。

- 能力目标：

  培养自觉自愿、安全规范、认真严谨、坚持不懈参与家庭劳动、校园管理及社会公共服务等的能力。

- 素质目标：

  培养热爱劳动的情感、辛勤劳动的意志、诚实守信的品质、到艰苦地区和重点行业就业的奋斗精神，以及主动作为的奉献精神。

劳模小故事

孟剑锋：匠人精神制国礼

在北京APEC（亚太经济合作组织）会议期间，各国元首都收到了一份来自中国的国礼——一个金色的果盘，里面放了一块柔软的丝巾。看到的人都会情不自禁地伸手去抓这块丝巾，结果没有一个人能抓得起来，原来这块丝巾是用纯银錾刻出来的。

錾刻工艺师孟剑锋参与了这份国礼的制作。他是北京握拉菲首饰有限公司生产车间的技术总监，已在工艺美术行业奋斗了20多年。孟剑锋是一个能够沉下心来做细活的人。为了提高技术水平，他勤练基本功，几个枯燥的动作，他能重复练习一年。他还利用业余时间学习绘画，学习中国各个历史时期的工艺美术知识，积极探索新的工艺制作方法，大胆改进创新，创作出大量贵金属工艺摆件作品，先后制作了2008年北京奥运会优秀志愿者奖章、抗震救灾英雄奖章、全国道德模范奖章、中国海军航母辽宁舰舰徽等

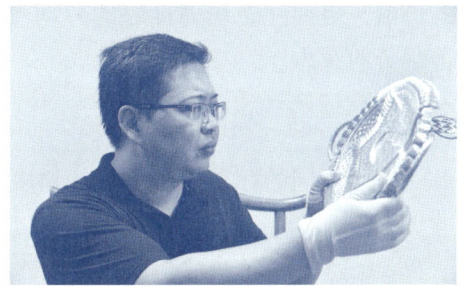

孟剑锋与国礼果盘

的模具,为中国传统文化的传播和工艺美事业的发展做出了贡献。他尝试改变铸造的焙烧温度、化料温度和倒料时的浇铸速度,经过反复试验、对比和推算,攻克了纯银铸造的工艺难题,使成品率提高了近50个百分点,大大提高了生产效率,降低了生产成本。

孟剑锋是一位坚守传承、勇于创新的工艺美术匠人,他用最朴实的劳动践行着一名普通劳动者的责任和一名共产党员的坚守。

 学习感悟

知识要点

一、劳动习惯的内涵

微课2-3:
具备良好的
劳动习惯

劳动创造了世界,是人类维持物质生活的基础。劳动习惯是指人们在劳动实践中形成的稳定行为倾向和品格特征。在现实生活中,良好的劳动习惯通常表现为勤劳勇敢、诚实守信、勤俭节约、惜时如金、艰苦奋斗等方面。俗语说,"习惯是人生的主宰",我们应当努力养成良好的劳动习惯。一旦我们养成了良好的劳动习惯,我们的时间和空间便会为那些有意义的劳动所占据,就不会感到无所事事、空虚无聊,更不会用不良行为来打发时间。

幸福不会从天而降,美好生活靠劳动创造。良好的劳动习惯不仅影响着劳动的速度,还影响着劳动的质量。只有用诚实劳动、努力奋斗来成就梦想,人生才会收获更多的幸福。大学生在培养对劳动的尊敬和热爱的同时,必须培养良好的劳动习惯。教育家苏霍姆林斯基曾说过:"我们的劳动教育的理想是要使每一个人早在少年时期和青年早期就找到这样一种劳动,在这种劳动中能够最充分、最鲜明地展示他的天赋才能,并给他带来精神创造性的幸福。"因此,我们除了需要在认知层面准确理解劳动的价值,更要注重培养良好的劳动习惯,体验劳动的艰辛,感受劳动的喜悦,培养吃苦耐劳的意志。

二、劳动习惯的种类

按照不同的标准、从不同的角度,可以将劳动习惯分成不同的种类。

(一)勤劳勇敢

勤劳勇敢、自强不息是中华民族长期在劳动实践中沉淀的优良传统,也是中华民族缔造灿烂文明和实现伟大复兴的重要精神支撑。百余年来，中国共产党领导人民深化改革、深入推进社会主义现代化建设，为中华民族的伟大复兴奠定了坚实基础。全面建设社会主义现代化国家任务艰巨，培养勤劳勇敢的劳动习惯，就是要继承中华民族艰苦奋斗的劳动传统，着力培养辛勤劳动的意志，具备敢于担当的实干意识和苦干意志。

（二）诚实守信

诚实守信是劳动者应具有的最基本的品质，也是每个公民的道德责任，更是一种崇高的人格力量。诚实守信包括不撒谎，不欺骗，不做违法、违规、不道德的事情，遵守各项规章制度，以诚实和坦率的态度对待工作和他人。习近平总书记指出："人世间的美好梦想，只有通过诚实劳动才能实现；发展中的各种难题，只有通过诚实劳动才能破解；生命里的一切辉煌，只有通过诚实劳动才能铸就。"实践证明，唯有诚实劳动，才能赢得人民群众的认可；唯有诚实劳动，才能干出无愧于时代的业绩；唯有诚实劳动，我们才能真正挑起时代赋予的重任，在各自的岗位上发挥作用、贡献正能量。

（三）勤俭节约

勤俭节约自古以来就是中华民族的传统美德，培养勤俭节约的劳动习惯有利于大学生的健康成长和未来发展。"夫君子之行，静以修身，俭以养德。非澹泊无以明志，非宁静无以致远。"培养勤俭节约的习惯须从自我内心开始，我们要清醒地认识到只有勤俭节约、艰苦奋斗才能有所作为。

（四）惜时如金

"一寸光阴一寸金，寸金难买寸光阴。"惜时如金是一种良好的习惯，它要求我们严格按照规定的时间完成工作，不迟到、不早退，做事有计划，不盲目、不拖沓，按时完成工作任务，不浪费工作时间。时间就是金钱，时间就是效率。善于掌握时间的人能提高劳动效率，在工作岗位上做出更大的贡献。

（五）艰苦奋斗

幸福是奋斗出来的，奋斗本身也是幸福的。奋斗者是精神最为富足的人，也是最懂得幸福、最能享受幸福的人。无数人生成功的事实表明，处于青年时代的人，选择吃苦也就选择了收获，选择奉献也就选择了高尚。这就要求我们在生活中不断进取，敢于正视自己的困难和不足，尽心尽责地完成工作任务，不推卸责任，不逃避困难，不投机取巧。奋斗是青春最亮丽的底色。"自信人生二百年，会当水击三千里。"民族复兴的使命要靠奋斗来实现，人生理想的风帆要靠奋斗来扬起。

知识拓展

有理想　敢担当　能吃苦　肯奋斗
——习近平总书记关于艰苦奋斗的论述

广大青年一定要矢志艰苦奋斗。"宝剑锋从磨砺出，梅花香自苦寒来。"人类的美好理想，都不可能唾手可得，都离不开筚路蓝缕、手胼足胝的艰苦奋斗。我们的国家，我们的民族，从积贫积弱一步一步走到今天的发展繁荣，靠的就是一代又一代人的顽强拼搏，靠的就是中华民族自强不息的奋斗精神。当前，我们既面临着重要发展机遇，也面临着前所未有的困难和挑战。梦在前方，路在脚下。自胜者强，自强者胜。实现我们的发展目标，需要广大青年锲而不舍、驰而不息的奋斗。

——2013年5月4日，习近平总书记在同各界优秀青年代表座谈时的讲话

全面建成小康社会，广大青年是生力军和突击队。希望我国广大青年充分展现自己的抱负和激情，胸怀理想、锤炼品格、脚踏实地、艰苦奋斗，不断书写奉献青春的时代篇章。

——2016年4月26日，习近平总书记在知识分子、劳动模范、青年代表座谈会上的讲话

课后任务

任务1：一些同学将劳动者划分为三六九等，认为只有高收入者才体面，从事体力劳动会丢面子。对此，你怎么看？

我的意见	参考意见

任务2：社会劳动领域存在的"机器效率超越人类""网红流量就是财富密码"等现象在一定程度上削弱了大学生对劳动的认同感，一些同学追求不劳而获、贪图享乐，对勤勉工作、踏实劳动嗤之以鼻，对投机取巧、弄虚作假的"快速致富"行为趋之若鹜。对此，你怎么看？

我的意见	参考意见

模块三　了解新知识、新技术、新工艺、新方法与劳动的关系

任务一　认知智能技术发展

> **名人名言**
>
> 创新决定未来。建设世界科技强国，不是一片坦途，唯有创新才能抢占先机。
>
> ——习近平

学习目标

- 知识目标：

  认知人工智能的概念、研究内容、种类；认知机器人的概念、种类；了解人工智能与机器人的区别与联系。

- 能力目标：

  掌握机器人的结构。

- 素质目标：

  认知劳动与新时代劳动，树立积极的劳动意识；学习劳模故事，培养劳动精神。

 劳模小故事

虹心青年突击队：与机器人相伴守护铁路安全

在深夜的上海虹桥动车运用所，入库列车整齐停放，检修机器人不断发出"嘀……"的提示音，穿梭于列车下的轨道间。一旁的年轻人手持平板，往来于不同轨道间，观察机器人运行状况；与此同时，生产调度中心内的一名年轻人正通过后台查看机器状况，并与现场机器人检修作业人员沟通；在技术组工作区，两名年轻人在电脑上查看机器人采集的图像数据，分析车辆状况……

作为全国配属高速动车组数量最多的动车运用所之一，上海虹桥动车运用所每天有大量列车经往停留。2019年，上海虹桥动车运用所引入智能机器人检修系统，大大提升了车辆检修效率。在机器人背后，一群年轻、技术高超、敢于实践的年轻人组建了虹心青年突击队。这个年轻团队以保障系统稳定运行为目标，负责机器人的日常操

作、维护和升级改造。

经过不断完善与升级,目前,检修机器人系统已较传统人工检修更高效、准确、可靠,生产组织调度灵活,作业效率达人工的2.75倍。团队提出21项升级改造措施,其中集中控制系统可实现远程、集中控制,一人多设备操作,节省人力。与传统方式相比,集中控制仅需一人,即可同时控制八台检修机器人作业,大大提高了检修效率。

虹心青年突击队成员对采集数据进行确认

"95后"钱奕涛是机器人集控操作人员之一,也是所里8台检修机器人的"主人"。每逢节假日出行高峰,夜间检修任务加重。钱奕涛需要随时掌握库内所有机器人检修轨道的动态,防止机器人出现误报,精力必须高度集中。钱奕涛说:"动车组上任意一个零部件都是保障旅客平安出行的关键,机器人检修准确率虽高,但我们还是要细之又细,严谨对待,一个故障都不能漏。"

如今,更多年轻成员加入了虹心青年突击队,这个年轻团队将青春化为力量,和他们的"机器人搭档"携手并进,以尖端科技精检细修,保障旅客出行安全。

 学习感悟

_____
_____
_____
_____

知识要点

一、人工智能概述

(一)人工智能的概念

人工智能是一门研究如何构造智能机器(智能计算机)或智能系统,使它能模拟、延伸、扩展人类智能的学科。通俗地说,人工智能就是研究如何使机器具有能听、会说、能看、会写、能思维、会学习、能适应环境变化、能解决各种面临的实际问题等功能的学科。

(二)人工智能的研究内容

(1)人工智能研究用于模拟、延伸和扩展人的智能的理论、方法和技术;

(2)人工智能研究、分析智能的实质,并生产与人类智能相似的智能机器;

微课3-1:
认知智能
技术发展

（3）人工智能研究的领域包括机器人、语言识别、图像识别和自然语言处理等。

（三）人工智能的种类

（1）弱人工智能：完成基础的、特定场景下角色型的任务的智能机器，如阿尔法围棋（AlphaGo）等专项技术机器人。

（2）通用人工智能：完成人类水平的任务，涉及机器的持续学习的智能机器。

（3）强人工智能：有自我意识的、可独立思考问题并制定解决问题的方案的智能机器。

二、机器人概述

（一）机器人的概念

机器人是一种自动化机器，这种机器具备一些与人或生物相似的智能能力，如感知能力、规划能力、动作能力和协同能力，具有高度灵活性。

（二）机器人三原则

"机器人三原则"是对机器人所做的伦理性规定，具体内容如下：
（1）机器人不得伤害人类，看到人类受到伤害时不能袖手旁观；
（2）机器人必须服从人类的命令，除非这条命令与第一条相矛盾；
（3）机器人必须保护自己，除非这种保护与以上两条相矛盾。

（三）机器人的分类

根据国际机器人联合会（IFR）的分类方法，按应用领域，可以将机器人分为工业机器人、服务机器人和特种机器人。

常见的各种工业机器人

（1）工业机器人，包括焊接机器人、洁净机器人、搬运机器人、喷涂机器人、装配机器人、激光加工机器人、真空机器人等。除此之外，工业机器人还可以按照结构分为直角坐标系、柱面坐标系、球面坐标系、多关节坐标系等。

（2）服务机器人，包括家用机器人、教育机器人、安防机器人、医用机器人、公共服务机器人等。

（3）特种机器人，包括军事应用机器人、极限作业机器人、应急救援机器人等。

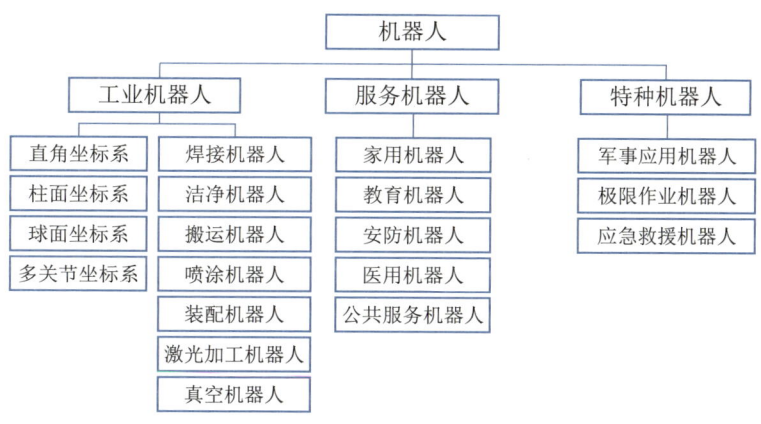

机器人的分类

三、人工智能与机器人的关系

人工智能与机器人的区别与联系如下：
（1）机器人只是人工智能的表现形式之一；
（2）人工智能自身只是机器人"体内"的计算机；
（3）如果将人工智能比作大脑，那么机器人就是身体，而且这个身体不是必需的。

人工智能与机器人虽然分属相互独立的领域，但两者相互促进，形成了密不可分的关系。机器人是凭借自身动力能够实现某项具体功能的机器，是机器设备，而人工智能的研究目标是让机器人中的计算机的工作效果发挥到最佳水平。

四、机器人的结构

粗略来看，机器人可以分为"大脑"和"躯体"两部分。机器人的"大脑"即人工智能，通过不断收集大数据，进行推理、规划、感知，模拟人类活动。机器人的"躯体"即机械外壳，由不同形状的机械和各种不同的驱动器、传感器组成，在收到具体的指令后，来替代人工完成具体的作业任务。

机器人通过感知进行决策，可以在复杂的环境中自主地完成任务，做出各种智能行为。为此，其应该具备以下三个要素：感知，即能够感觉自身内部、外部的状态和变化；决策，即能够依据各种条件和自身状态决定将要进行的动作或操作；行动，即能完成一些基本工作和基本动作。

具体而言，机器人的结构可以划分为以下组成部分：控制系统、感知系统、执行系统和人机交互系统。

（一）控制系统

控制系统主要由硬件和软件两部分组成。硬件包括电脑、嵌入式系统和单片机等，软件包括实现姿态控制、躲避障碍、力度控制及各种算法优化等功能的程序。

(二)感知系统

感知系统包括内部感知系统和外部感知系统。

内部感知系统用于感知自身的状态,如身体姿态、运动速度、电量、故障情况等,可以通过在机器人内部安装陀螺仪、速度计、温度计、湿度计等实现。

外部感知系统用于感知工作环境和操作对象等,可以通过在机器人外部安装定位系统、摄像头、各类传感器等实现。

(三)执行系统

执行系统用来控制机器人运动并操作工作对象,主要通过电动机(马达)、液压驱动、气压驱动、人工肌肉(智能材料)等实现功能。

(四)人机交互系统

无论机器人的智能化程度有多高,它都必须接受人的控制,这就是人机交互。人们通过人机交互系统实现人机对话。人机交互系统包括图形操作界面和语音系统等。一般说来,直接交互方式是指通过键盘、鼠标、遥控器等方式发送控制信息进行交互,间接交互方式是指通过声音、姿势、肌电和意识等方式进行交互。

知识拓展   "人工智能之父"艾伦·图灵

艾伦·图灵,英国数学家、逻辑学家,被称为"人工智能之父"。

1931年,艾伦·图灵进入剑桥大学国王学院,毕业后到美国普林斯顿大学攻读博士学位。

1936年,图灵向伦敦权威的数学杂志投了一篇论文,题为"论数字计算在决断难题中的应用"。在这篇开创性的论文中,图灵给"可计算性"下了一个严格的数学定义,并提出了著名的"图灵机"的设想。"图灵机"不是一种具体的机器,而是一种思想模型,据此可制造一种十分简单但运算能力极强的计算装置,用来计算所有能想象得到的可计算函数。"图灵机"与"冯·诺伊曼机"齐名,被永远载入计算机的发展史中。

1950年10月,图灵又发表了另一篇题为"机器能思考吗"的论文,成为划时代之作。也正是这篇文章为图灵赢得了"人工智能之父"的桂冠。图灵还进一步预测称,到2000年,人类应该可以用10 GB的计算机设备制造出可以在5分钟的问答中骗过30%成年人的人工智能。

课后任务

任务1:请举例说明在生活中我们都应用到了哪些人工智能。

我的意见	参考意见

任务 2：请简要描述机器人是如何工作的。

我的意见	参考意见

任务二　了解新技术、新业态下的大学生劳动

名人名言

科学需要梦想，发明贵在创新。

——爱迪生

学习目标

- 知识目标：
  认知在新技术、新业态背景下劳动工具的具体型号及相关参数。
- 能力目标：
  能够认识不同的劳动工具，能够区分不同种类和不同形态的劳动。
- 素质目标：
  认知劳动与新时代劳动，重塑劳动意识；学习劳模故事，培养劳动精神。

劳模小故事

伟大的人民科学家：钱学森

科学家钱学森

钱学森是世界著名空气动力学家，中国载人航天事业的奠基人，"中国航天之父"和"火箭之王"，中国"两弹一星"功勋奖章获得者。他先后担任了中国科学技术大学近代力学系主任，中国科学院力学研究所所长，原第七机械工业部副部长，原国防科工委副主任，中国科技协会名誉主席，中国人民政治协商会议第六、七、八届全国委员会副主席，中国科学院数理化学部委员，中国宇航学会名誉理事长，中国人民解放军总装备部科技委高级顾问等重要职务，还兼任中国自动化学会第一、二届理事长。

钱学森于1935年9月进入美国麻省理工学院航空系学习。1936年9月，他转入美国加州理工学院航空系，在世界著名力学大师冯·卡门教授指导下从事航空工程理论和应用力学的学习研究，先后获航空工程硕士学位，航空、数学博士学位。他与导师共同完成了高速空气动力学问题研究课题，建立了"卡门-钱学森"公式。28岁时，钱学森就成为世界著名的空气动力学家。

1956年初，钱学森向上递交了《建立我国国防航空工业的意见书》。同时，钱学森组建了中国第一个火箭、导弹研究所——原国防部第五研究院，并担任首任院长。他主持完成了"喷气和火箭技术的建立"规划，参与了近程导弹、中近程导弹和中国第一颗人造地球卫星的研制，直接领导了用中近程导弹运载原子弹的"两弹结合"试验，参与制定了中国近程导弹运载原子弹"两弹结合"试验规划，参与制定了中国第一个星际航空的发展规划，发展建立了工程控制论和系统学等。在钱学森等人的带领下，1964年10月16日中国第一颗原子弹爆炸成功，1967年6月17日中国第一颗氢弹空爆试验成功，1970年4月24日中国第一颗人造卫星发射成功。

2006年，钱学森荣获"中国航天事业50年最高荣誉奖"。钱学森在20世纪40年代就已经成为航空航天领域内最为杰出的代表人物之一，也是20世纪众多学科领域的科学群星中极少数的巨星之一；钱学森也是为中华人民共和国的发展做出无可估量贡献的科学家，是爱国留学归国人员中最具代表性的国家建设者之一，是伟大的人民科学家。

 学习感悟

_____
_____
_____
_____

🔧 知识要点

大学生具有一定的知识积累，对前沿技术和先进工艺也有一定了解，能够通过劳动提升自己的动手能力。下面介绍几种不同的劳动工具，它们能为大学生的行动提供必要的基础。

微课 3-2：
了解
新技术

一、基础劳动工具

（一）电烙铁

电烙铁是一种加热设备。常用的电烙铁分内热式和外热式两种。内热式电烙铁的烙铁头在电热丝外面，这种电烙铁加热快且重量轻；外热式电烙铁的烙铁头是插在电热丝里面的，它加热较慢，但比较牢固。电烙铁直接使用220伏交流电源加热，电源线和外壳之间是绝缘的，电阻大于200毫欧。和焊接有关的还有两种易耗品，分别是松香和海绵。在使用电烙铁时建议配置一个烙铁架。

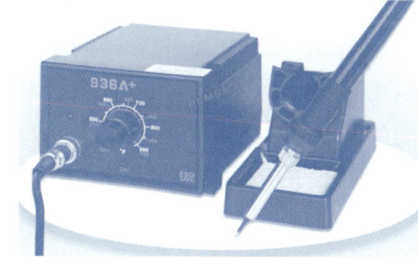

电烙铁

（二）镊子

镊子是用于夹取块状药品、金属颗粒、毛发、细刺及其他细小东西的工具。镊子也可用于在手机维修中夹持导线、元件及集成电路引脚等。目前设备器件越来越小，且使用表面贴装器件（SMD）已成趋势，镊子已成为焊接的必备工具。

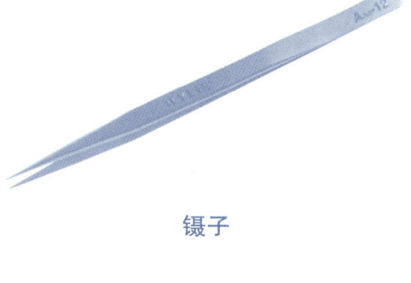

镊子

（三）斜口钳

斜口钳主要用于剪切导线、元器件的引线，还常用来代替一般剪刀剪切绝缘套管、尼龙扎线卡等。虽说使用表面贴装器件将成主流，但在设备制造中一定会用到直插器件，此时可使用斜口钳贴着印制电路板（PCB）剪断引脚。

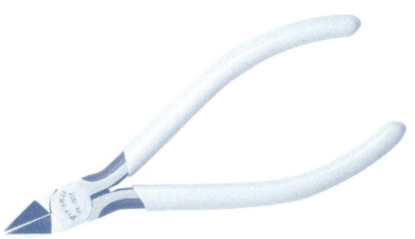

斜口钳

（四）美工刀

在使用美工刀时，我们通常只使用刀尖部分，切割、雕饰、打点是其主要功能。这种刀刀身很脆，使用时不能伸出过长的刀身。不同种类的美工刀，其刀身的硬度和耐久度也因为刀身质地不同而有所差别。

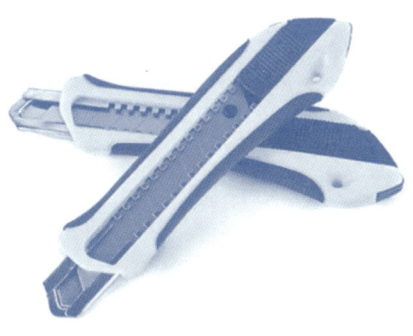

美工刀

（五）剥线钳

剥线钳是内线电工、电动机修理人员、仪器仪表电工常用的工具之一，用来供电工剥除电线头部的表面绝缘层。剥线钳可以使得切口处的绝缘皮与电线分开，还可以防止触电。

剥线钳

（六）雕刻刀

雕刻刀是指各种尖端的雕刻工具，为方便拿取与使用，手持部分一般为圆柱形木柄。雕刻刀有的是椭圆形断面，有的是菱形断面，刀尖倾斜。矩形断面的刀具顶端就是一个斜面，有钝形、圆形和尖形的。刀刃的尖端和宽度由需要雕刻的线的深度和宽度决定。根据不同的使用场合和工作需求，雕刻刀有各种大小和形状。

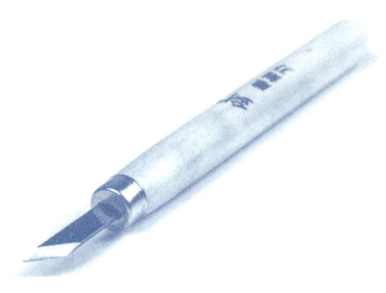

雕刻刀

（七）套装工具

为了使劳动更加方便，我们还可以使用市面上的一些套装工具。

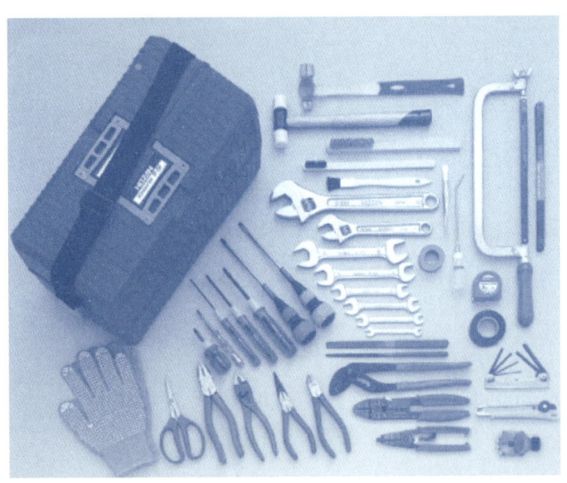

套装工具

二、升级版劳动工具

当进行较为复杂的工作时，我们可以增加使用以下工具。

（一）万用表

万用表又称为复用表、多用表、三用表、繁用表等，是电力、电子等部门不可缺少的测量仪表，一般用于测量电压、电流和电阻。万用表按显示方式可分为指针万用表和数字万用表。万用表是一种多功能、多量程的测量仪表，一般万用表可测量直流电流、直流电压、交流电流、交流电压、电阻和音频电频等，有的还可以测量交流电流、电容量、电感量及半导体的一些参数等。

建议使用支持自动关机的万用表，以防因忘关机而耗尽电量。如想达到更好的效果，可选择量程大的万用表，最好支持电容测量，这样就可以省去使用电容表。

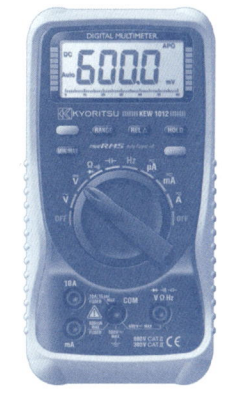

万用表

（二）稳压电源

稳压电源是能为负载提供稳定的交流电或直流电的电子装置，包括交流稳压电源和直流稳压电源两大类。当电网电压或负载出现瞬间波动时，稳压电源会在 10~30 毫秒的响应时间内对电压幅值进行补偿，使其稳定在 ±2% 以内。

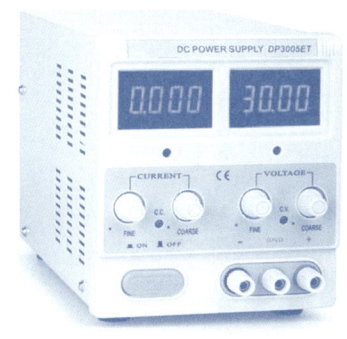

稳压电源

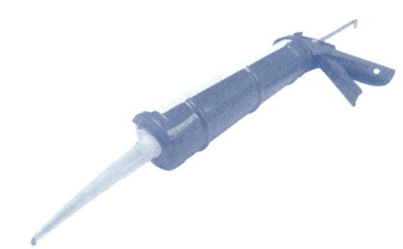

胶枪

（三）胶枪

胶枪是一种打胶（或挤胶）的工具，在需要施胶的地方就有可能会用到胶枪。胶枪广泛用于建筑装饰、电子电器、汽车及汽车部件、船舶及集装箱等的制造过程中。

根据作用力不同，可将胶枪分为手动胶枪、气动胶枪、电动胶枪。

（1）手动胶枪：操作者手动按动板实现打胶，打胶效率偏低，能满足较低频率的使用需求。

（2）气动胶枪：需要接压缩空气气源，通过压缩空气推动实现打胶，工厂生产流水线上多配备气动胶枪。

（3）电动胶枪：使用电力来推动胶水实现打胶。

（四）示波器

示波器是一种用途十分广泛的电子测量仪器。它能把肉眼看不见的电信号变换为看得见的图像，便于人们研究各种电现象的变化过程。示波器将狭窄的、由高速电子组成的电子束打在涂有荧光物质的屏面上，就可以产生细小的光点。在被测信号的作用下，电子束就好像一支笔的笔尖，可以在屏面上描绘出被测信号的瞬时值的变化曲线。利用示波器能观察各种不同信号幅度随时间变化的波形曲线，还可以用它测试电压、电流、频率、相位差、调幅度等。

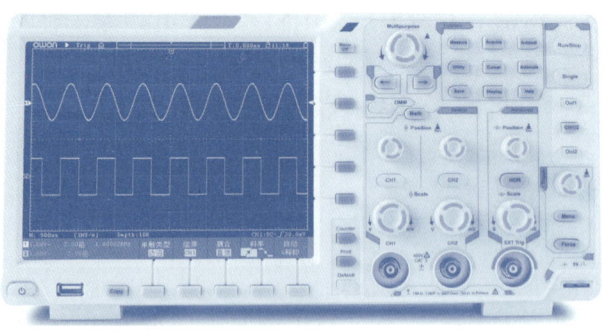

示波器

三、工作环境布置

有时我们动手操作需要使用的工具较多,为方便收纳和使用,可以设计一个简单的工作台。合适的工作台有助于我们更好地使用工具。

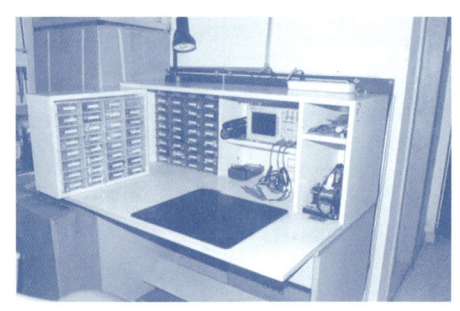

工作台的制作要注意以下几点。

(1)空间足够。根据使用工具的频率、种类、多少等设计合适的工作台。

(2)注意安全。如果在操作中会用到各类刀具、电工用具等,应考虑使用装有门锁的工具架或收纳柜。

知识拓展

中国创造是迫切要求,也是发展红利

在当今市场上,当人们以全新的目光打量中国的时候,中国制造的形象正在悄然改变,拥有了更多质造、创造、智造的元素。

无论是大数据、云计算,还是智能制造、核心芯片等高新尖科技领域,都开始越来越多地出现中国人的身影。在国际市场上,华为、小米、联想、格力、大疆等中国品牌异军突起,以高性价比、高技术含量的产品参与竞争,拥有了越来越多的全球"粉丝"。

事实上,不管是从消费体验,还是从前沿观察来看,一个趋势都越来越清晰,那就是中国的产品正在把优质、精品、创新等关键词刻印在铭牌之上。正如世界知识产权组织原总干事弗朗西斯·高锐所感叹的:"中国正在成为全球创新和

品牌方面的一个领导者。"这样的提升来之不易。近年来，中国深入实施创新驱动发展战略，创业创新氛围浓厚，电子商务、移动支付、共享单车等新产业、新业态、新模式快速发展，制造业的综合实力上了一个新台阶，为中国经济发展取得历史性成就、发生历史性变革做出了重要贡献。

对于中国而言，从中国制造迈向中国创造，是推动高质量发展的迫切要求。创新是引领发展的第一动力，是建设现代化经济体系的战略支撑。纵观人类历史，创新始终是一个国家、一个民族发展的重要力量。从国内来看，虽然中国经济总量跃居世界第二，但科学技术、人力资源、生产资本等要素的水平与发达经济体相比还有较大差距，通过创新引领和驱动发展已经成为发展的迫切要求。中央经济工作会议指出，要围绕推动高质量发展，做好8项重点工作，其中第一项便是深化供给侧结构性改革。要推动中国制造向中国创造转变，中国速度向中国质量转变，制造大国向制造强国转变。

对于世界而言，中国制造向中国创造的迈进将为世界带来更多的利好。越来越多中国创造的涌现，不仅强化了中国的知识产权、中国的研究实力，还代表着中国的技术力量、中国的人文精神与国际担当。当这些领先的重大科学成果和技术产品出现在市场上时，它们将给所有人的美好生活带来福音。这些科技成果的形式虽然不一样，但本质是相通的，即为全人类谋福利，为破解各类难题贡献"中国智慧"。

围绕着高质量发展，中国正在进行一场从理念到目标的全方位的质量提升。在这场变革中，将会有更多的中国制造转型为中国创造，当这样的转型成功实现之后，中国经济的质量将得到世界各国的更多赞誉。

知识拓展

《中国制造2025》

2015年，国务院印发了《中国制造2025》，部署全面推进实施制造强国战略。这是我国实施制造强国战略第一个十年的行动纲领。根据规划，我国将通过"三步走"实现制造强国的战略目标：第一步，到2025年迈入制造强国行列；第二步，到2035年，我国制造业整体达到世界制造强国阵营中等水平；第三步，到中华人民共和国成立一百年时，我国的制造业大国地位更加巩固，综合实力进入世界制造强国前列。"智能制造"被定位为中国制造的主攻方向。

《中国制造2025》发布后，在促进工业高质量发展的政策推动下，我国制造业高端化、智能化、绿色化发展态势明显，新的增长动能不断积聚。党的二十大提出，"到2035年基本实现新型工业化，加快建设制造强国"。制造业高质量发展是我国经济高质量发展的重中之重。国家出台了多项支持制造业高质量发展的政策，制造业转型升级步伐加快，继续向高端化、智能化、绿色化方向发展，推动新质生产力的形成。

模块三　了解新知识、新技术、新工艺、新方法与劳动的关系

数据显示，2024年10月，我国高技术制造业增加值同比增长9.4%，其中，集成电路、工业机器人的产量同比分别增长11.8%、33.4%。智能设备、绿色产品生产持续高速增长，智能无人飞行器制造业增加值增长41.9%，新能源汽车、太阳能电池产量分别增长48.6%和13.2%。当前，中国制造业正向产业链价值链中高端持续迈进，具备可观的发展潜力。

课后任务

任务1：请举例说明在生活中我们都使用了哪些工具。

我的意见	参考意见

任务2：你在生活中自己动手制造过哪些产品？使用了哪些工具？请举例说明。

我的意见	参考意见

任务三　开展创新性、创造性劳动

惟创新者进，惟创新者强，惟创新者胜。

——习近平

学习目标

- 知识目标：

  认知创新教育与创造性学习的概念、研究内容、种类，了解创造性劳动的概念。

- 能力目标：

  能够进行校园创新空间的设计。

- 素质目标：

  通过认知创造性学习与劳动教育，重塑创造性劳动意识；学习劳模故事，培养劳动精神。

劳模小故事

朱光亚："中国科技众帅之帅"

朱光亚是中国核科学事业的主要开拓者之一，"两弹一星"功勋奖章获得者，两院院士，被誉为"中国工程科学界支柱性的科学家""中国科技众帅之帅"。1996年5月，朱光亚被推举为中国科协名誉主席；1999年1月，任原总装备部科技委主任。

朱光亚参与组织领导了中国原子弹、氢弹的研究、设计、制造与试验工作，参与领导了国家高技术研究发展计划的制订与实施、国防科学技术发展战略研究，组织领导了禁核式条件下中国核武器技术持续发展研究、军备控制研究及武器装备发展战略研究等工作，为中国核科技事业和国防科技事业的发展做出了重大贡献。朱光亚还参与组织领导了秦山核电站筹建、放射性同位素应用开发研究、国家高技术发展研究计划的制订与实施、国防科技与武器装备发展战略研究等工作。

1963年3月，朱光亚参与组织确定了第一颗原子弹的理论设计方案，报原第二机械工业部批准后，千军万马奔赴青海草原核武器研制基地进行大会战。朱光亚等科研、生产人员以及增调的技术骨干迅速汇集到基地，全面开展理论、试验、设计、生产等各方面工作，形成了研制第一颗原子弹的总攻局面。

1963年5月，朱光亚主持起草了《第一期试验大纲草案》（即原子弹装置核爆炸试验大纲），指出核爆炸试验的任务是由低到高逐步过技术关。他建议先做地面爆炸试验，再做空投爆炸试验，并详细提出了试验测试的主要项目、技术保障、测试场地总布局、试验规模等内容。8月，朱光亚等人参加了青海研制基地冷试验专题研讨会，为综合验证理论设计和一系列单项试验成果，决定尽快实施关键性的全球聚合爆轰试验。

1964年3月，朱光亚组织制订研究院《1964年科研工作计划纲要》，详细制订了原子弹研制和试验工作计划。1964年6月6日，

工作中的朱光亚

朱光亚在青海基地与其他同志一起组织进行了全尺寸全球聚合爆轰试验,这是原子弹装置核爆炸前的一次综合预演。

2004年12月,为表彰朱光亚对中国科技事业,特别是原子能科技事业发展做出的杰出贡献,国际小行星中心和国际小行星命名委员会批准将中国国家天文台发现的国际编号为10388号的小行星正式命名为"朱光亚星"。

学习感悟

_____
_____
_____
_____

微课3-3:
开展创新性、
创造性劳动
教育

知识要点

习近平总书记强调,"充分激发全民族文化创新创造活力"。文化的生命力源于创新创造,创新创造也是时代变迁、社会变革的先导。劳动是推动人类社会进步的根本力量,人世间的一切幸福都需要靠辛勤的劳动来创造。习近平总书记指出,要在学生中弘扬劳动精神,教育引导学生长大后能够辛勤劳动、诚实劳动、创造性劳动。新时代的劳动教育要把握新质生产力发展的新要求,在强国建设、民族复兴征程上发挥应尽的力量。

一、创造性劳动的概念

创造性劳动是指人们突破惯常的思维方式、生产方式、组织方式,创造和运用全新的思维观念、知识技术、工艺流程等,产生出新知识、新技术、新思维、新成果,从而提高劳动效率,产生超值社会财富或产生新成果的劳动。创造性劳动是劳动重要的构成部分,它植根于普通劳动,诞生于普通劳动过程中,可以引领普通劳动发展进步。创造性劳动要求我们以解决现实问题或完成现实任务为目标,进行试验、研究、探索、创新。

伴随着科学技术的高速发展、互联网热潮的风起云涌,越来越多热衷于将创意变为行动的年轻人踏上了创造性劳动之路。

二、校园创新空间的建设

校园创新空间的定位是服务大学生、服务教师、服务学校,为创造性劳动的开展提供基础性条件,其建设具有如下意义。

(一)可供大学生开展跨学科综合性项目研究、提升技术水平

大学生在创新空间中可以接触最前沿的技术,并将想法通过动手实现。在思想

碰撞、信息共享的自主与开放氛围中，大学生的想象力被激发、创新能力被培养，这恰恰是单一类型的校园实验室所欠缺的。因此，校园内的创新空间也是一个开放的、自由的、自主的实验室，可以为大学生提供跨学科的合作平台，艺术、工程、电子、机器人等领域的整合学习资源、研究资源、开发资源、创造资源，以及动手试验的场地。

（二）为大学生提供活动和交流场所，传播创造性文化

以校园内的创新空间为基地，可以培养大学生对于知识的管理能力、分享能力、整合能力，定期开展丰富多样的创造性活动，让大学生在活动中学习，同时也通过活动将创新精神、创造思维传播出去。

（三）鼓励、培养多学科教师联动，开发、实践创造想法

具有鲜明特色的创新空间及由此引入、开发的创新课程与全新教育理念，有助于建立起稳定、团结、乐于创新和分享的教师圈子，多学科教师参与创新课程和新教育理念开发的过程，可以形成全面、多样化的创新课程体系，在校园中里形成人人创新的良好氛围。

（四）成为学校在创新文化传播与教育方面的品牌形象窗口

学校可以以创新空间为平台，结合最新课改与创新教育理念进行创新教育教学和活动，打造校本精品课程；以创新空间为平台开展创新性研究，取得创新性成果和专利，培养创新型人才；以创新空间为平台参加省内外甚至国内外各种创新科技赛事，获取荣誉；提升学校的形象，打造科技教育创新品牌。

三、校园创新空间建设方案

校园创新空间具有开放实验室、社团活动室、图书馆、学校教育理念展示窗口等功能，在环境设计与布置方面，需要为学生创造一个安全、舒适和适合创新的空间，既要满足独立工作的要求，又要符合团队工作的要求。在硬件配置上，以动手创造为核心，结合 STEAM 创新教育理念，让大学生接触到最新、综合性的技术，以发掘和强化大学生的多元能力特长为核心，使其强化创新意识、锻炼动手能力、培养创造能力。

创新空间应兼顾学习、制作、分享、展示等多个方面，一般分为以下几个功能区。

（一）学习、分享区

此区主要承担知识分享和学习的功能，可以根据实际情况提供大屏幕显示器、投影仪、学习用电脑等等设备，桌椅采用便于教学与学生小组讨论的形式布置，方便开展创新思维教学、创意探讨、成果分享活动，激发大学生探索科学知识的兴趣。此区可以合理布置各类生动有趣、简单易操作的科技类作品，比如静电球、体感控制、3D打印展示、机器人作品等。此区能实现在较为轻松的管理状态下面向全校师生开放。

展示科技的魅力、激发大学生的求知欲是此区的主要目的。此区可以由学校科创类学会的同学管理，组织好解说以及维护人员，定期有序地面向全校师生开放。

（二）活动、制作区

此区主要承担加工、制作、试验等功能。同学们可以在此区学习使用各种工具实现自己的创作，也可以组织工作坊等动手实践的活动。此区可以摆放一些专业的加工工具，环境相对封闭。

（三）阅读、展示区

此区主要承担资料查询、项目成果展示等功能，也可以摆放3D打印机、互动机器人等既有展示效果又有加工功能的器具，以充分利用空间。

> **知识拓展**
>
> **认识硅谷**
>
> 　　硅谷位于美国加利福尼亚州北部的旧金山湾区南面，是高科技企业云集的圣塔克拉拉谷的别称。这里最早是研究和生产以硅为重要原材料的半导体芯片的地方，因此得名硅谷。
>
> 　　硅谷是电子工业和计算机业的王国，尽管其他高新技术区也在不断发展壮大，硅谷仍然是世界高新技术创新和发展的开创者和中心，针对该地区的风险投资占全美风险投资总额的三分之一，硅谷的计算机公司已经发展到大约1 500家。一个世纪前这里还是一片果园，但自从英特尔、苹果、谷歌、脸书、雅虎等高科技公司的总部在此落户之后，这里出现了众多繁华的市镇。
>
> 　　硅谷的主要区位特点是拥有附近一些具有雄厚科研力量的美国顶尖大学作为依托，主要包括斯坦福大学和加利福尼亚大学伯克利分校，还包括加利福尼亚大学系统的其他几所大学和圣塔克拉拉大学。结构上，硅谷以高新技术中小公司群为基础，同时拥有谷歌、脸书、惠普、英特尔、苹果、思科、英伟达、甲骨文、特斯拉、雅虎等大公司，融科学、技术、生产于一体。

> **知识拓展**
>
> **什么是创客**
>
> 　　创客是一群喜欢或者享受创新的人，追求自身创意的实现，至于能否实现商业价值，不是他们的主要关注点。创客空间就是为这些创客提供的可以实现创意，交流创意思路，实现产品的线下和线上相结合、创新和交友相结合的社区平台。

创客最早起源于麻省理工学院比特和原子研究中心创设的 Fab Lab（个人制造实验室）。Fab Lab 基于对从个人通讯到个人计算，再到个人制造的社会技术发展脉络，试图构建以用户为中心，面向应用，融合从创意、设计、制造到调试、分析及文档管理各个环节的用户创新制造环境。发明创造将不只发生在拥有昂贵实验设备的大学或研究机构中，也将不仅仅属于少数专业科研人员，而有机会在任何地方由任何人完成，这就是 Fab Lab 的核心理念。Fab Lab 的广泛发展带动了个人设计、个人制造的浪潮，创客空间应运而生。

在国内，创客空间属于初创阶段，创意来源主要来自国外的开源网站，还没有形成有显著特色的、可持续发展的模式。除了个别创客空间属于综合性平台，今后创客空间的专业化在所难免。创客空间本身的商业模式和运行模式也是值得探讨和探索的。

课后任务

任务 1：请举例说明生活中你做了哪些创造性作品。

我的意见	参考意见

任务 2：请简要描述一个创意作品想法。

我的意见	参考意见

模块四　了解劳动法律与劳动权益

任务一　了解劳动法律法规

> **名人名言**
>
> 法律是什么？最形象的说法就是准绳。用法律的准绳去衡量、规范、引导社会生活，这就是法治。
>
> ——习近平

学习目标

- 知识目标：
  明确劳动法律法规的重要性；了解我国劳动法律制度的基本体系。
- 能力目标：
  能够识别劳动法与劳动合同法的联系；能够遵守基本劳动规范。
- 素质目标：
  树立法治观念，尊重劳动者。

 劳模小故事

肖胜方：铁肩担道义，为民服务守初心

律师是全面依法治国的重要力量，他们认真履行社会责任，满腔热忱地投入社会主义法治国家建设。肖胜方就是律师队伍中的一员。

肖胜方

大学时期，肖胜方积极参加各类学生组织，曾先后担任校学生会主席、广东省学联副主席、全国学联委员等。大学毕业后，肖胜方一开始从事的是销售、办公室综合管理等工作。1996年，肖胜方开始一边工作一边备考号称"中国第一考"的司法考试，白天上班，晚上在捡来的书桌旁复习。那一年司法考试的平均通过率为历年最低，他却仍以高分通过。1998年，肖胜方进入律师行业，开始在这个行业内发光发热。

2008年，《中华人民共和国劳动合同法》正式实施，律师界不太重视的劳动法领域一下子成为显学。入行以来一直专注劳动法领域的肖胜方肩负起普法宣传的重任，被称为

"普法宣讲迷"。他曾参与各类普法宣讲450余场，线上、线下的受众达64万余人。《中华人民共和国民法典》于2020年5月表决通过后，仅当年7月，他就做了20场相关宣讲。

当选十三届全国人大代表后，肖胜方坚持问计于民、问需于民，关注人民群众急难愁盼问题，聚焦党委政府中心工作，以过硬的政治和业务素养为民解心结、化干戈，在懂法、普法、释法这条道路上，以实际行动诠释人民律师的责任与担当。例如，在了解到快递员、网约车司机维权案件多发后，他提出了关于平台新型从业者劳动权益保障的立法建议，受到8个部委高度重视。关注到曾因轻罪被追究刑事责任人员再次融入社会所面临的困难后，他在十三届全国人大会议上提交了有关议案。履职全国人大代表的五年间，肖胜方共提交了78个议案和建议，用行动践行了"人民选我当代表，我当代表为人民"。

2024年12月4日，"宪法的精神 法治的力量——2024年度法治人物"宣传活动专题节目在央视播出，肖胜方获"2024年度法治人物"殊荣。

学习感悟

_____
_____
_____
_____
_____

知识要点

让劳动者得实惠、享荣光，是激发劳动者创造力的必由之路。在全国劳动模范和先进工作者表彰大会上，习近平总书记深刻指出，让人民群众过上更加幸福的好日子是我们党始终不渝的奋斗目标，实现共同富裕是中国共产党领导和我国社会主义制度的本质要求，强调要切实实现好、维护好、发展好劳动者合法权益。为了保障劳动者的合法权益，我国制定了一系列劳动法律法规。

劳动法律法规是旨在调整劳动关系以及与劳动关系有密切联系的其他社会关系的法律法规的总称。我国的劳动法律法规比较健全，包括劳动者主体保障方面的法律法规、劳动保险与工伤赔偿方面的法律法规、劳动合同方面及劳动争议处理方面的法律法规。这些法律法规相互补充，共同构成了我国劳动法律法规体系的完整框架。下面主要介绍我国劳动法基本体系中的四部核心法律。

一、《中华人民共和国劳动法》

《中华人民共和国劳动法》(以下简称《劳动法》)于1994年7月5日由第八届全国人民代表大会常务委员会第八次会议通过，于1995年1月1日起施行，是中华人民共和国成立后第一部综合性调整劳动关系的法律，也被称为我国的劳动基本法。该法于 2009 年及 2018 年进行了两次修订。现行《劳动法》共 13 章 107 条，包括总则、促进就业、劳动合同和集体合同、工作时间和休息休假、工资、劳动安全卫生、女职工和未成年工特殊保护、职业培训、社会保险和福利、劳动争议、监督检查、法律责任以及附则等内容。

（一）立法宗旨

《劳动法》是我国对劳动制度的基本法律规定，涵盖了劳动法律关系的各个方面，是我国劳动法律体系的基础，劳动方面的其他法律和政策基本上都是以《劳动法》为依据的。

《劳动法》的立法宗旨是保护劳动者的合法权益，调整劳动关系，建立和维护适应社会主义市场经济的劳动制度，促进经济发展和社会进步。《劳动法》是根据宪法制定、颁布的。

> **小贴士**
>
> 劳动关系指用人单位招用劳动者为其成员，劳动者在用人单位的管理下，提供由用人单位支付报酬的劳动而产生的权利义务关系，在法律上属于《劳动法》的管辖范畴。
>
> 劳动关系认定三要素为：①用人单位和劳动者具备法律法规规定的主体资格；②用人单位依法制定的各项劳动规章制度适用于劳动者，劳动者受用人单位的劳动管理，从事用人单位安排的有报酬的劳动；③劳动者提供的劳动是用人单位业务的组成部分。

（二）适用范围

《劳动法》第二条规定："在中华人民共和国境内的企业、个体经济组织（以下统称用人单位）和与之形成劳动关系的劳动者，适用本法。国家机关、事业组织、社会团体和与之建立劳动合同关系的劳动者，依照本法执行。"

《劳动法》不适用于以下人员：①公务员和比照实行公务员制度的事业组织和社团体的工作人员；②农村劳动者（乡镇企业职工和进城务工、经商的农民除外）；③现役军人；④家庭保姆；⑤在中国境内享有外交特权和豁免权的外国人；等等。

（三）劳动者必须具备的法律条件、权利和义务

1. 劳动者必须具备的法律条件

（1）年龄条件。《劳动法》规定，公民的最低就业年龄是 16 周岁，不满 16 周岁者不能就业，不能与用人单位发生劳动法律关系。某些特殊的行业不受此限制，对该类特殊行业，国家另

各行各业的劳动者

有相关规定。

（2）劳动能力条件。由于劳动者进行劳动只能由劳动者亲自进行，劳动者必须具有劳动能力。

2. 劳动者的权利

《劳动法》第三条规定，劳动者享有平等就业和选择职业的权利、取得劳动报酬的权利、休息休假的权利、获得劳动安全卫生保护的权利、接受职业技能培训的权利、享受社会保险和福利的权利、提请劳动争议处理的权利以及法律规定的其他劳动权利。

3. 劳动者的义务

根据《劳动法》第三条的要求，劳动者在劳动和工作过程中应当履行的基本义务包括：①完成劳动任务，即劳动者应当完成用人单位安排的工作任务，这是劳动者的基本义务；②提高职业技能，即劳动者应当不断提高自己的职业技能，这也是为了更好地完成劳动任务；③执行劳动安全卫生规程，即劳动者必须遵守相关规程，保护自己和他人的健康；④遵守劳动纪律和职业道德。

（四）用人单位的义务

《劳动法》第四条规定，用人单位应当依法建立和完善劳动规章制度，保障劳动者享有劳动权利和履行劳动义务。用人单位的规章制度及相应工作安排必须符合法律法规的规定，否则就要承担违法后果，也不利于构建和谐稳定的劳动关系，促进自身健康发展。

（五）国家的责任

国家采取各种措施，促进劳动就业，发展职业教育，制定劳动标准，调节社会收入，完善社会保险，协调劳动关系，逐步提高劳动者的生活水平。

国家提倡劳动者参加社会义务劳动，开展劳动竞赛和合理化建议活动，鼓励和保护劳动者进行科学研究、技术革新和发明创造，表彰和奖励劳动模范和先进工作者。

小贴士

职业教育是指使受教育者具备从事某种职业或者实现职业发展所需要的职业道德、科学文化与专业知识、技术技能等综合素质而实施的教育活动，包括职业学校教育和职业培训。

职业教育是与普通教育具有同等重要地位的教育类型，是国民教育体系和人力资源开发的重要组成部分，是培养多样化人才、传承技术技能、促进就业创业的重要途径。

国家大力发展职业教育，推进职业教育改革，提高职业教育质量，增强职业教育适应性，建立健全适应社会主义市场经济和社会发展需要、符合技术技能人才成长规律的职业教育制度体系，为全面建设社会主义现代化国家提供有力的人才和技能支撑。

(六)工会的职责

劳动者有权依法参加和组织工会。工会代表和维护劳动者的合法权益,依法独立自主地开展活动。

> **小贴士**
>
> 工会是中国共产党领导的职工自愿结合形成的工人阶级群众组织,是中国共产党联系职工群众的桥梁和纽带。中华全国总工会及其各工会组织代表职工的利益,依法维护职工的合法权益。
>
> 在中国境内的企业、事业单位、机关、社会组织中以工资收入为主要生活来源的劳动者,不分民族、种族、性别、职业、宗教信仰、受教育程度,都有依法组织和参加工会的权利。任何组织和个人不得阻挠和限制。
>
> 工会适应企业组织形式、职工队伍结构、劳动关系、就业形态等方面的发展变化,依法维护劳动者参加和组织工会的权利。

二、《中华人民共和国劳动合同法》

《中华人民共和国劳动合同法》(以下简称《劳动合同法》)是我国劳动法律体系的重要组成部分,于2007年6月29日由第十届全国人民代表大会常务委员会第二十八次会议通过。《劳动合同法》自2008年1月1日起施行。现行《劳动合同法》由全国人大常委会于2012年修改后发布并实施,共分8章98条,包括总则、劳动合同的订立、劳动合同的履行和变更、劳动合同的解除和终止、特别规定、监督检查、法律责任和附则等内容。

(一)立法宗旨

劳动合同是整个劳动关系的核心。与《劳动法》相比,《劳动合同法》的保护范围更大,对劳动者权益的保护力度更大,保护内容更具有针对性,保护措施更具有可操作性。

《劳动合同法》是调整用人单位和劳动者订立、履行、变更、解除和终止劳动合同的行为的法律,立法宗旨是完善劳动合同制度,明确劳动合同双方当事人的权利和义务,保护劳动者的合法权益,构建和发展和谐稳定的劳动关系。

(二)适用范围

《劳动合同法》适用于我国境内的企业、个体经济组织、民办非企业单位等组织(即用人单位)与劳动者建立劳动关系,订立、履行、变更、解除或者终止劳动合同。国家机关、事业单位、社会团体和与其建立劳动关系的劳动者订立、履行、变更、解除或者终止劳动合同,依照该法执行。同时,《劳动合同法》在附则中规定,事业单位与实行聘用制的工作人员订立、履行、变更、解除或者终止劳动合同,法律法规或者国务院另有规定的,依照其规定;未做规定的,依照本法有关规定执行。

> **知识拓展**　　对《劳动合同法》关于适用范围的规定的理解
>
> 1. 企业、个体经济组织、民办非企业单位
>
> 企业是以营利为目的的经济性组织,包括法人企业和非法人企业,是用人单位的主要组成部分,是《劳动合同法》的主要调整对象。个体经济组织是指雇工七个人以下的个体工商户。民办非企业单位是指企业事业单位、社会团体和其他社会力量以及公民个人利用非国有资产举办的,从事非营利性社会服务活动的组织,如民办医院、民办图书馆、民办博物馆、民办科技馆等。
>
> 2. 国家机关
>
> 国家机关包括国家权力机关、国家行政机关司法机关、国家军事机关等,其录用制公务员和聘任制公务员适用《中华人民共和国公务员法》(以下简称《公务员法》),不适用《劳动合同法》。而国家机关招用工勤人员时,需要与之签订劳动合同,因此要依照《劳动合同法》执行。
>
> 3. 事业单位
>
> 事业单位可以分为以下三种。第一种是具有管理公共事务职能的组织,其录用工作人员参照《公务员法》进行管理,不适用《劳动合同法》。第二种是实行企业化管理的事业单位,这类事业单位与职工签订的是劳动合同,适用《劳动合同法》。第三种是事业单位,如医院、学校、科研机构等。事业单位与实行聘用制的工作人员订立、履行、变更、解除或者终止劳动合同,法律行政法规或者国务院另有规定的,依照其规定;未做规定的依照《劳动合同法》有关规定执行。
>
> 4. 社会团体
>
> 社会团体是指中国公民自愿组成,为实现会员共同意愿按照其章程开展活动的非营利性社会组织。社会团体的情况比较复杂,主要有工会、共青团、妇联、工商联等人民团体和群众团体;文学艺术界联合会、足球协会等文化艺术体育团体;法学会、医学会等学术研究团体;各种行业协会等社会经济团体。《公务员法》虽然没有明确规定这些社会团体参照管理,但在实践中,除工勤人员外,其工作人员有的比照《公务员法》进行管理,也有的实行劳动合同制。因此,如果社会团体与劳动者订立的是劳动合同,就依照《劳动合同法》执行。

(三)订立劳动合同的基本原则

订立劳动合同应当遵循合法、公平、平等自愿、协商一致、诚实信用的原则。依法订立的劳动合同具有约束力,用人单位与劳动者应当履行劳动合同约定的义务。

(四)对劳动规章制度的规定

用人单位应当依法建立和完善劳动规章制度,保障劳动者享有劳动权利、履行劳动义务。

用人单位在制定、修改或者决定有关劳动报酬、工作时间、休息休假、劳动安全卫生、保险福利、职工培训、劳动纪律以及劳动定额管理等直接涉及劳动者切身利益的规章制度或者重大事项时，应当经职工代表大会或者全体职工讨论，提出方案和意见，与工会或者职工代表平等协商确定。

在规章制度和重大事项决定的实施过程中，工会或者职工认为不适当的，有权向用人单位提出意见，通过协商予以修改完善。用人单位应当将直接涉及劳动者切身利益的规章制度和重大事项决定公示，或者告知劳动者。

（五）协调机制

县级以上人民政府劳动行政部门会同工会和企业方面代表建立健全协调劳动关系三方机制，共同研究解决有关劳动关系的重大问题。

工会应当帮助、指导劳动者与用人单位依法订立和履行劳动合同，并与用人单位建立集体协商机制，维护劳动者的合法权益。

三、《中华人民共和国社会保险法》

《中华人民共和国社会保险法》（以下简称《社会保险法》）于2010年10月28日由第十一届全国人民代表大会常务委员会第十七次会议通过，并于2018年12月29日由第十三届全国人民代表大会常务委员会第七次会议通过《关于修改〈中华人民共和国社会保险法〉的决定》进行了修正。全文共12章98条，包括总则、基本养老保险、基本医疗保险、工伤保险、失业保险、生育保险、社会保险费征缴、社会保险基金、社会保险经办、社会保险监督、法律责任以及附则等内容。

（一）立法宗旨

《社会保险法》是我国劳动法律体系的重要组成部分，其立法宗旨是规范社会保险关系，维护公民参加社会保险和享受社会保险待遇的合法权益，使公民共享发展成果，促进社会和谐稳定。

（二）调整对象和适用范围

《社会保险法》的调整对象包括下列几个：①社会保险管理关系；②社会保险基金筹集和运作关系；③社会保险给付关系；④社会保险争议调解、仲裁和诉讼关系；⑤社会保险监督关系。

《社会保险法》适用于我国境内的一切用人单位和参保人员。无论是在境内还是境外，只要是中国籍的参保人员，都应当遵守《社会保险法》。同时，在中国境内设立的外国组织、外资企业等也应当按照中国《社会保险法》规定办理社会保险登记和缴纳社会保险费。

（三）社会保险基金制度

《社会保险法》第二条规定，国家建立基本养老保险、基本医疗保险、工伤保险、失业保险、生育保险等社会保险制度，保障公民在年老、疾病、工伤、失业、生育等情况下依法从国家和社会获得物质帮助的权利。

1. 基本养老保险制度

基本养老保险制度是指缴费达到法定期限并且个人达到法定退休年龄后，国家和社会提供物质帮助以保证年老者稳定、可靠的生活来源的社会保险制度。基本养老保险制度由三个部分组成：职工基本养老保险制度、新型农村社会养老保险制度、城镇居民社会养老保险制度。基本养老保险制度在法律制度层面上实现了覆盖城乡居民。基本养老保险制度的目标是实现老有所养。

> **小贴士**
>
> 《社会保险法》第十条规定，职工应当参加基本养老保险，由用人单位和职工共同缴纳基本养老保险费。无雇工的个体工商户、未在用人单位参加基本养老保险的非全日制从业人员以及其他灵活就业人员可以参加基本养老保险，由个人缴纳基本养老保险费。公务员和参照公务员法管理的工作人员养老保险的办法由国务院规定。
>
> 基本养老保险资金分为两部分：一部分是用人单位缴纳的基本养老保险费，进入基本养老统筹基金，用于支付职工退休时社会统筹部分的养老金；另一部分是个人缴纳的基本养老保险费，进入个人账户，用于负担退休后个人账户养老金的支付。

2. 基本医疗保险制度

基本医疗保险制度是指个人按照国家规定缴纳一定比例的医疗保险费，在因患病和意外伤害而发生医疗费用后，由医疗保险基金支付其医疗保险待遇的社会保险制度。基本医疗保险制度由三个部分组成：职工基本医疗保险制度、新型农村合作医疗制度、城镇居民基本医疗保险制度。基本医疗保险制度实现了覆盖城乡居民，使全体公民实现病有所医。

3. 工伤保险制度

工伤保险制度是指由用人单位缴纳工伤保险费，在劳动者因工作原因遭受意外伤害或者患职业病，从而造成死亡、暂时或者永久丧失劳动能力时，给予劳动者及其相关人员工伤保险待遇的社会保险制度。

4. 失业保险制度

失业保险制度是指国家为失业而暂时失去工资收入的社会成员提供物质帮助，以保障失业人员的基本生活，维持劳动力的再生产，为失业人员重新就业创造条件的社会保险制度。

5. 生育保险制度

生育保险制度是指由用人单位缴纳保险费，其职工或者职工未就业配偶按照国家规定享受生育保险待遇的一项社会保险制度。《社会保险法》规定，职工应当参加生育保险，由用人单位按照国家规定缴纳生育保险费，职工不缴纳生育保险费。用人单位已经缴纳生育保险费的，其职工享受生育保险待遇；职工未就业配偶按照国家规定享受生育医疗费用待遇。

国务院和省、自治区、直辖市人民政府建立健全社会保险基金监督管理制度，保障社会保险基金安全、有效运行。县级以上人民政府采取措施，鼓励和支持社会各方面参与社会保险基金的监督。社会保险经办机构提供社会保险服务，负责社会保险登记、个人权益记录、社会保险待遇支付等工作。

> **小贴士**
>
> 随着灵活就业呈现出规模化趋势，多地、多部门陆续出台政策，为包括部分高校毕业生在内的灵活就业劳动者保驾护航。
>
> 2021年，人力资源和社会保障部、全国总工会等8部门联合制定《关于维护新就业形态劳动者劳动保障权益的指导意见》，针对新就业形态劳动者加大劳动权益保护力度。
>
> 2023年，国务院办公厅印发《关于进一步做好高校毕业生等青年就业创业工作的通知》，提出对毕业年度和离校2年内未就业高校毕业生实现灵活就业的，按规定给予社保补贴。

四、《中华人民共和国劳动争议调解仲裁法》

中华人民共和国第十届全国人民代表大会常务委员会第三十一次会议于2007年12月29日通过了《中华人民共和国劳动争议调解仲裁法》（以下简称《劳动争议调解仲裁法》），该法自2008年5月1日起施行。《劳动争议调解仲裁法》共4章54条，包括总则、调解、仲裁、一般规定、申请和受理、开庭和裁决以及附则等内容。

仲裁机构审理现场

（一）立法目的

《劳动争议调解仲裁法》的立法目的是公正、及时地解决劳动争议，保护当事人合法权益，促进劳动关系和谐稳定。

> **小贴士**
>
> 劳动争议，也称"劳动纠纷""劳资争议"，是指劳动关系的当事人之间因执行劳动法律、法规和履行劳动合同而发生的纠纷，即劳动者与所在单位之间因劳动关系中的权利、义务而发生的纠纷。

（二）适用范围

《劳动争议调解仲裁法》的适用范围包括以下几个方面：①因确认劳动关系发生的争议；②因订立、履行、变更、解除和终止劳动合同发生的争议；③因除名、辞退和辞职、离职发生的争议；④因工作时间、休息休假、社会保险、福利、培训以及劳动保护发生的争议；⑤因劳动报酬、工伤医疗费、经济补偿或者赔偿金等发生的争议；⑥法律、法规规定的其他劳动争议。

（三）劳动争议的处理方式

解决劳动争议，应当根据事实，遵循合法、公正、及时、着重调解的原则，依法保护当事人的合法权益。《劳动争议调解仲裁法》规定了劳动争议的处理方式，包括协商、调解、仲裁和诉讼。

> **小贴士**
>
> 着重调解原则包含两方面内容：一是调解作为解决劳动争议的基本手段贯穿于劳动争议处理的全过程，即使进入仲裁和诉讼程序后，劳动争议仲裁委员会和人民法院在处理劳动争议时，仍要进行调解，调解不成，再做出裁决和判决；二是调解必须遵循自愿原则，在双方当事人自愿的基础上进行，不能勉强和强制，否则即使达成协议或者出具调解书，其也不具备法律效力。

1. 协商

与用人单位发生劳动争议时，劳动者可以通过下列三种方式与之进行协商：①与用人单位自行协商解决；②要求所在企业工会参与或者协助其与企业进行协商；③委托其他组织或者个人作为其代表与企业进行协商。

2. 调解

发生劳动争议后，双方当事人不愿协商、协商不成或者达成和解协议后不履行的，可以向劳动调解组织申请调解，并自愿就争议事项达成调解协议。

3. 仲裁

劳动仲裁是劳动争议仲裁机构对劳动争议当事人争议的事项，根据劳动法律法规、规章和政策等的规定，依法做出裁决，从而解决劳动争议的一项劳动法律制度。

当发生劳动争议且双方当事人不愿调解、调解不成或者达成调解协议不履行时，当事人可以向劳动争议仲裁委员会申请仲裁，由劳动争议仲裁委员会依据事实做出仲裁裁决。

4. 诉讼

劳动争议的当事人对劳动争议仲裁委员会的仲裁裁决不服的，可以向人民法院提起诉讼。我国的劳动争议处理制度遵循仲裁前置规则，即将劳动争议仲裁作为劳动争议诉讼的一个前置程序，不经劳动争议仲裁，当事人不能直接向人民法院提起诉讼。

发生劳动争议后，当事人对自己提出的主张，有责任提供证据。与争议事项有关的证据，属于用人单位掌握、管理的，用人单位应当提供；用人单位不提供的，应当承担不利后果。发生劳动争议的劳动者一方在十人以上，并有共同请求的，可以推举代表参加调解、仲裁或者诉讼活动。

（四）行政救济

用人单位违反国家规定，拖欠或者未足额支付劳动报酬，或者拖欠工伤医疗费、经济补偿或赔偿金的，劳动者可以向劳动行政部门投诉，劳动行政部门应当依法处理。

知识拓展

关于维护新就业形态劳动者
劳动保障权益的指导意见（节选）

人社部发〔2021〕56号

一、规范用工，明确劳动者权益保障责任

（一）指导和督促企业依法合规用工，积极履行用工责任，稳定劳动者队伍。主动关心关爱劳动者，努力改善劳动条件，拓展职业发展空间，逐步提高劳动者权益保障水平。……

（二）符合确立劳动关系情形的，企业应当依法与劳动者订立劳动合同。不完全符合确立劳动关系情形但企业对劳动者进行劳动管理（以下简称不完全符合确立劳动关系情形）的，指导企业与劳动者订立书面协议，合理确定企业与劳动者的权利义务。……

（三）平台企业采取劳务派遣等合作用工方式组织劳动者完成平台工作的，应选择具备合法经营资质的企业，并对其保障劳动者权益情况进行监督。……

二、健全制度，补齐劳动者权益保障短板

（四）落实公平就业制度，消除就业歧视。企业招用劳动者不得违法设置性别、民族、年龄等歧视性条件，不得以缴纳保证金、押金或者其他名义向劳动者收取财物，不得违法限制劳动者在多平台就业。

（五）健全最低工资和支付保障制度，推动将不完全符合确立劳动关系情形的新就业形态劳动者纳入制度保障范围。……

（六）完善休息制度，推动行业明确劳动定员定额标准，科学确定劳动者工作量和劳动强度。……

（七）健全并落实劳动安全卫生责任制，严格执行国家劳动安全卫生保护标准。企业要牢固树立安全"红线"意识，不得制定损害劳动者安全健康的考核指标。……

（八）完善基本养老保险、医疗保险相关政策，各地要放开灵活就业人员在就业地参加基本养老、基本医疗保险的户籍限制，个别超大型城市难以一步实现的，要结合本地实际，积极创造条件逐步放开。……

（九）强化职业伤害保障，以出行、外卖、即时配送、同城货运等行业的平台企业为重点，组织开展平台灵活就业人员职业伤害保障试点，平台企业应当按规定参加。……

（十）督促企业制定修订平台进入退出、订单分配、计件单价、抽成比例、报酬构成及支付、工作时间、奖惩等直接涉及劳动者权益的制度规则和平台算法，充分听取工会或劳动者代表的意见建议，将结果公示并告知劳动者。……

课后任务

任务 1：请对比《中华人民共和国民法典》(以下简称《民法典》)合同编与《劳动合同法》的不同之处。

我的意见	参考意见

任务 2：请说出劳动者参加社会保险的意义。

我的意见	参考意见

任务二　了解劳动合同与权益保障

> **名人名言**
>
> 劳动是生存之本，合同是维权之基。
>
> ——朱林

学习目标

- 知识目标：
  了解劳动合同签订过程中的相关法律知识；了解大学生兼职、实习和就业过程所涉法律的重要性。
- 能力目标：
  能够读懂劳动合同的主要条款；能够运用劳动合同制度分析和解决在兼职、实习和就业中的实际问题。
- 素质目标：
  培养法律意识，树立正确的就业观念和职业规划意识。

劳模小故事

杨满玉：以法律知识引共鸣，做职工贴心人

杨满玉出生于小康之家，她的母亲从事妇女权益工作，每天活跃在基层解决民生事件，家长里短、家庭暴力……杨满玉从小耳濡目染，深受家庭的熏陶："当有一天你有足够能力的时候，你要尽可能想办法去帮助更多的人。"

2013 年，杨满玉加入广州市工会法律服务律师团，成为该律师团第一批成员。入行十多年来，她一直积极参与公益法律服务，通过工会平台为广大职工提供免费法律咨询、普法、培训、劳动争议调解、法律援助等法律服务，连续四年被广州市总工会评为广州职工"金牌贴心人"。

杨满玉认为，律师像演员，也像医生，要与当事人感同身受、合二为一，也要及时抽离、找出并解决问题。在我国已全面建成小康社会、网络用工兴起的时代背景下，劳资关系更为复杂化、多元化。杨满玉表示，要落实职工权益，第一步是普法。"很多劳动者根本不知道要主动留存证据。比如关于劳动合同、社保的问题，我们首先要知道自己的基本权益，才能合法、合理保障自己的

杨满玉

基本权益。"

2022年，杨满玉获得全国"五一"劳动奖章，这对她来说既是肯定，又是鞭策。未来的日子里，她将继续坚持"人民律师为人民"的理念，进一步做好工会法律服务，促进和谐劳动关系形成，为推动经济社会发展和法治建设贡献力量。

  学习感悟

_____
_____
_____
_____

知识要点

随着毕业季的来临，万千对社会充满期待的学子即将踏出校门，正式开始自己的职业生涯。大学生作为一个特殊群体，在就业过程中要学会保护自身的权益，以免给自己职业生涯的发展造成阻滞和损失。签订劳动合同是保护大学生权益的关键环节。

一、劳动合同

对于初出校园、没有经验的同学来说，第一次签订劳动合同时难免会有些忐忑。但签订劳动合同，既是法律强制性的规定，又是劳动者保障自身权益的重要途径。

（一）劳动合同的订立

劳动合同是指劳动者与用人单位之间确立劳动关系，明确双方权利和义务的协议。订立劳动合同应当遵循平等自愿、协商一致的原则，并且需要采用书面形式。

《劳动合同法》规定，已建立劳动关系，未同时订立书面劳动合同的，应当自用工之日起一个月内订立书面劳动合同。用人单位自用工之日起超过一个月不满一年未与劳动者订立书面劳动合同的，应当依照《劳动合同法》第八十二条的规定向劳动者每月支付二倍的工资，并与劳动者补订书面劳动合同。用人单位自用工之日起满一年未与劳动者订立书面劳动合同的，在自用工之日起满一个月的次日至满一年的前一日期间，应当依照《劳动合同法》第八十二条的规定向劳动者每月支付二倍的工资，并视为自用工之日起满一年的当日已经与劳动者订立无固定期限劳动合同，且应当立即与劳动者补订书面劳动合同。

书面劳动合同记载了劳动者工作的岗位、工资标准、工作内容、工作地点、工作时间和休息休假等内容，有了书面劳动合同，劳动者在用人单位工作期间就有了保障，即使日后发生劳动争议，书面劳动合同

订立劳动合同

也是证明劳动者身份和确定双方权利、义务关系的重要文件。

> **知识拓展**   **在校大学生能签订劳动合同吗**
>
>   根据劳动相关法律规定，劳动者是指达到法定就业年龄（年满16周岁），具有一定劳动能力，依法具有订立劳动合同的主体资格，并在具体的劳动法律关系中享有权利和承担义务的自然人。在校大学生基本已年满16周岁，在法律层面上可以和用人单位签订劳动合同。
>
>   原劳动部《关于贯彻执行〈中华人民共和国劳动法〉若干问题的意见》第十二条规定，在校生利用业余时间勤工助学不视为就业，双方未建立劳动关系，可以不签订劳动合同。很多人因此认为在校大学生不具有建立劳动关系的主体资格，这实际上是一种误读。勤工俭学是指在校生不以就业为目的，利用学习空闲时间打工补贴学费、生活费的活动。上述规定只针对在校大学生勤工助学的行为，而没有否定在校大学生的劳动权利。
>
>   在校大学生一般已达到我国《劳动法》规定的就业年龄，也非《劳动法》规定排除适用的对象。对于已完成或基本完成学业、即将毕业的大学生而言，其以就业为目的，从事用人单位安排的有报酬的劳动，用人单位也对其按正常员工标准进行管理并接受其劳动成果，双方在此基础上就应聘、录用达成一致意见的，用人单位应当与其签订劳动合同。

（二）劳动合同的类型

《劳动合同法》规定，劳动合同按期限的不同可分为固定期限劳动合同、无固定期限劳动合同和以完成一定工作任务为期限的劳动合同三种。

（1）固定期限劳动合同。固定期限劳动合同是指用人单位与劳动者约定合同终止时间的劳动合同。合同期限可以为短期如半年、1年，也可以为较长时间，如5年、10年。

（2）无固定期限劳动合同。无固定期限劳动合同是指用人单位与劳动者约定无确定终止时间的劳动合同，但它并不是没有终止时间。只要没有出现法律规定的条件或者双方约定的条件，双方当事人就要继续履行劳动合同规定的义务，但一旦出现了法律规定的条件或双方约定的条件，无固定期限劳动合同也同样能够解除。

（3）以完成一定工作任务为期限的劳动合同。以完成一定工作任务为期限的劳动合同是指用人单位与劳动者约定以某项工作的完成为合同期限的劳动合同。此类合同期限以某项工作开始之日作为起算之日，以劳动者完成该项工作之日作为终止之日。

（三）劳动合同的条款

劳动合同的条款包括必备条款和约定条款。必备条款是法律规定劳动合同必须具备的条款，它是生效劳动合同所必须具备的条款。必备条款不完善，会导致劳动合同不能成立。《劳动合同法》第十七条规定劳动合同应当具备的必备条款包括：①用人单位的名称、住所和法定代表人或者主要负责人；②劳动者的姓名、住址和居民身份证或者其他有效身份证件号码；③劳动合同期限；④工作内容和工作地点；⑤工作时间和休息休假；⑥劳动报酬；⑦社会保险；⑧劳动保护、劳动条件和职业危害防护；⑨法律、法规规定应当纳入劳动合同的其他事项。

除以上必备条款外，劳动者和用人单位还可以约定试用期、培训、保密、补充保险和福利待遇等其他事项。

> **知识拓展**
>
> **关于试用期的规定**
>
> 试用期是指用人单位对新招收的职工进行思想品德、劳动态度、实际工作能力、身体情况等进行进一步考察的时间期限。试用期包括在整个劳动合同期限里，不管试用期后订立还是不订立合同，都不允许单独约定试用期。
>
> 《劳动合同法》第十九条规定，劳动合同期限三个月以上不满一年的，试用期不得超过一个月；劳动合同期限一年以上不满三年的，试用期不得超过二个月；三年以上固定期限和无固定期限的劳动合同，试用期不得超过六个月。以完成一定工作任务为期限的劳动合同或者劳动合同期限不满三个月的，不得约定试用期。
>
> 劳动者在试用期的工资不得低于本单位相同岗位最低档工资的80%或者劳动合同约定工资的80%，并不得低于用人单位所在地的最低工资标准。
>
> 《劳动合同法》还明文规定，同一用人单位与同一劳动者只能约定一次试用期。假如某人从原公司离职，后来又入职该公司，那么第二次一入职就属于正式员工，不能再约定试用期。

（四）劳动合同的生效

通常情况下，用人单位与劳动者经协商一致，双方在劳动合同文本上签字、盖章后劳动合同即生效。劳动合同文本由用人单位和劳动者各执一份。

如果双方对劳动合同生效时间或生效条件有约定，到达约定的时间或约定的条件成立后，劳动合同生效。但不论劳动合同何时生效，都并不直接产生劳动关系建立的法律效果，劳动关系的建立以用工开始为标志。用工之日，通俗地讲，就是劳动者开始上班的那一天。

（五）劳动合同的履行和变更

1. 劳动合同的履行

劳动合同的履行是指用人单位与劳动者按照劳动合同的约定，全面履行各自的义务。劳动合同生效后，就对双方具有约束力，双方当事人需要诚信地按照合同的约定来履行义务。

用人单位应当按照劳动合同约定和国家规定，向劳动者及时足额支付劳动报酬。用人单位拖欠或者未足额支付劳动报酬的，劳动者可以依法向当地人民法院申请支付令，人民法院应当依法发出支付令。

用人单位应当严格执行劳动定额标准，不得强迫或者变相强迫劳动者加班。用人单位安排加班的，应当按照国家有关规定向劳动者支付加班费。劳动者拒绝用人单位管理人员违章指挥、强令冒险作业的，不视为违反劳动合同。

2. 劳动合同的变更

劳动合同的变更是指依法订立劳动合同后，在合同尚未履行或者尚未履行完毕之时，经用人单位和劳动者双方当事人协商同意，对劳动合同内容做部分修改、补充或者删减的法律行为。

一般情况下，用人单位与劳动者协商一致，可以变更劳动合同约定的内容。变更劳动合同应当采用书面形式。变更后的劳动合同文本由用人单位和劳动者各执一份。

（六）劳动合同的解除和终止

1. 劳动合同的解除

劳动合同的解除是指在劳动合同订立之后、劳动合同期限届满之前，因双方协商提前结束劳动关系，或因出现法定的情形，一方单方面通知对方结束劳动关系的法律行为。劳动合同解除分为协商解除和法定解除两种情况。

（1）协商解除。用人单位与劳动者协商一致，可以解除劳动合同。劳动者提前30日以书面形式通知用人单位，可以解除劳动合同。劳动者在试用期内提前3日通知用人单位，可以解除劳动合同。用人单位提出解除劳动合同而与劳动者协商一致的，必须依法向劳动者支付经济补偿；劳动者主动辞职而与用人单位协商一致解除劳动合同的，用人单位不需向劳动者支付经济补偿。

（2）法定解除。出现国家法律法规或劳动合同规定的可以解除劳动合同的情形时，不需当事人协商一致，一方当事人即可决定解除劳动合同，劳动合同效力可以自然终止或由单方提前终止。在这种情况下，主动解除劳动合同的一方一般负有主动通知对方的义务。但用人单位以暴力、威胁或者非法限制人身自由的手段强迫劳动者劳动的，或者用人单位违章指挥、强令冒险作业危及劳动者人身安全的，劳动者可以立即解除劳动合同，不需要事先告知用人单位。

2. 劳动合同的终止

劳动合同的终止是指用人单位与劳动者之间的劳动关系因某种法律事实的出现而自动归于消灭，或导致劳动关系的继续履行成为不可能而不得不消灭的情形。

劳动合同终止的情形有以下几种：①劳动合同期满，定期的劳动合同在合同约定的期限届满后，除非双方依法续订或依法延期，否则合同即行终止；②劳动者开始依法享受基本养老保险待遇；③劳动者达到法定退休年龄；④劳动者死亡，或者被人民法院宣告死亡或者宣告失踪；⑤用人单位被依法宣告破产；⑥用人单位被吊销营业执照、责令关闭、撤销或者用人单位决定提前解散；⑦法律、行政法规规定的其他情形。

> **知识拓展**
>
> ## 劳务派遣
>
> 劳务派遣是指劳动力派遣机构与派遣劳工签订派遣契约，在得到派遣劳工同意后，使其在被派企业指挥监督下提供劳动的行为。劳务派遣就业关系的三方主体间形成了三种相对独立的关系。派遣单位与被派遣劳动者之间建立劳动关系，约定劳动者为他人提供劳动，派遣单位支付劳动报酬、提供相关劳动福利；派遣单位为用工单位提供"临时工人"，用工单位向派遣单位支付派遣费用；劳动者和用工单位之间建立工作关系，劳动者为用工单位提供劳动，接受其指示、监督。
>
> 经营劳务派遣业务，应当向劳动行政部门依法申请行政许可；经许可的，依法办理相应的公司登记，其注册资本不得少于二百万元，同时必须有与开展业务相适应的固定的经营场所和设施，有符合法律、行政法规规定的劳务派遣管理制度，具备法律、行政法规规定的其他条件。
>
> 劳务派遣单位是《劳动合同法》所称的用人单位，应当履行用人单位对劳动者的义务。劳务派遣单位与被派遣劳动者订立劳动合同，不得克扣用工单位按照劳务派遣协议支付给被派遣劳动者的劳动报酬。劳务派遣单位和用工单位不得向被派遣劳动者收取费用。
>
> 被派遣劳动者享有与用工单位的劳动者同工同酬的权利，用工单位应当按照同工同酬原则，对被派遣劳动者与本单位同类岗位的劳动者实行相同的劳动报酬分配方法。用工单位无同类岗位劳动者的，参照用工单位所在地相同或者相近岗位劳动者的劳动报酬确定。

二、大学生保障自身权益的途径

为切实保障大学生就业工作的顺利进行，近年来我国政府和有关部门制定了一系列以《劳动法》和《劳动合同法》为基准的就业政策和法规。作为职场上的新人，我们理应明晰自己的权益保障。

（一）兼职权益保障

兼职工作在大学生群体中属于常见的一种获取劳动报酬的途径。但在大学生兼职过程中经常会出现工作性质模糊以及与用人单位关系不明晰而导致的纠纷。

那么，在外兼职的大学生如何有效地保护自身的合法权益？第一，应当事先了解雇主的基本情况和兼职工作的具体内容，包括其经营地点、经营状况、信用程度等；第二，事先察看工作性质、工作环境；第三，一定要与对方签订书面协议（通常是劳务合同），约定工作时间、地点、报酬支付方式和工作范围等；第四，明确协议的终止时间和单方解除协议的条件；第五，要求雇主为自己办理意外伤害保险；第六，保留好出勤及报酬发放的相关证据。

关于非全日制用工，《劳动合同法》也进行了相关规定。第六十九条规定，非全日制用工双方当事人可以订立口头协议，从事非全日制用工的劳动者可以与一个或一个以上用人单位订立劳动合同；第七十条规定，非全日制用工双方当事人不得约定试用期；第七十一条规定，非全日制用工双方当事人任何一方都可以随时通知对方终止用工；第七十二条规定，非全日制用工小时计酬标准不得低于用人单位所在地人民政府规定的最低小时工资标准，非全日制用工劳动报酬结算支付周期最长不得超过十五日。

如果在兼职中，自己的权益被侵害，我们可以通过民事诉讼等渠道维护自己的合法权益。

（二）实习权益保障

在实习中，大学生应强化法律意识，利用好学校的资源，主动寻求学校老师的帮助。为保障自身权益，大学生应要求用人单位与自己签订实习协议，让其将实习过程中的法律风险说清楚，对劳动报酬和劳动保障进行约定，以便日后有据可依。

大学生在签订实习协议的时候，应注意以下三点：①用人单位的主体资格是否合法；②协议条款是否明确、合法；③签订实习协议的程序是否完备。在签订实习协议前，大学生应该认真阅读协议内容，如有不明确或疑问，应该及时向用人单位或相关人员进行咨询和确认。同时，大学生应该了解自己的权利和义务，确保自己的合法权益得到保障。

实习生与用人单位的关系可以按照劳务关系或者劳动关系来处理。如果用人单位与实习生之间实际存在管理与被管理、指挥与被指挥、监督与被监督的关系，双方就很可能构成事实上的劳动关系，用人单位就应当与实习生签订劳动合同并为其缴纳社会保险费用。

（三）就业权益保障

劳动者的权利是指我国法律法规所规定的在劳动关系中劳动者应当享有的各项权利。《劳动法》第三条明确规定了劳动者的权利。

1. 平等就业和选择职业的权利

根据《劳动法》的规定，劳动者享有平等就业和选择职业的权利。具体来说，劳动者有权在就业市场中平等地竞争职业机会，不受性别、年龄、种族、宗教信仰等因素的影响。同时，劳动者有权选择自己从事的职业，不受任何人的强制或干涉。用人单位不得因性别、年龄、种族、宗教信仰等因素歧视劳动者，也不得强制劳动者从事某种职业。如果用人单位违反了这些规定，劳动者可以依法维护自己的权利。

为保障大学生平等就业和选择职业的权利，政府和社会正在创造公平的就业环境，提供充分的就业信息和服务。同时，大学生应当接受就业指导，树立正确的就业观念和职业规划意识。

2. 取得劳动报酬的权利

取得劳动报酬的权利是指劳动者依照劳动法律关系履行劳动义务，由用人单位根据按劳分配的原则及劳动力价值向其支付报酬的权利。工资是劳动报酬的基本形式。《劳动法》规定，工资分配应当遵循按劳分配原则，实行同工同酬。用人单位支付给劳动者的工资不得低于当地最低工资标准。工资应当以货币形式按月支付给劳动者本人，不得克扣或者无故拖欠。劳动者在法定休假日、婚丧假期间以及依法参加社会活动期间，用人单位应当依法支付工资。

薪酬公平是保障大学生取得劳动报酬的权利的重要方面。大学生在劳动中应当获得与其他劳动者相同的薪酬待遇，不得因学历、性别等因素而遭受歧视。此外，大学生的劳动报酬水平应当与劳动市场状况相符合，确保薪酬水平合理。

> **小贴士**
>
> 最低工资标准是指劳动者在法定工作时间内或依法签订的劳动合同约定的工作时间内提供了正常劳动的前提下，其所属用人单位依法应当支付的最低劳动报酬。
>
> 最低工资标准一般采取月最低工资标准和小时最低工资标准的形式。月最低工资标准适用于全日制就业劳动者，小时最低工资标准适用于非全日制就业劳动者。最低工资标准通常会定期进行审查和调整，以适应经济和社会的变化。

3. 休息休假的权利

根据我国《劳动法》的规定，用人单位应当严格执行国家规定的工作时间和休息制度，保障劳动者的身体健康和生活质量。

国家实行劳动者每日工作时间不超过 8 小时、平均每周工作时间不超过 40 小时的工时制度。用人单位应当保证劳动者每周至少休息 1 日。对实行计件工作的劳动者，用人单位应当制定合理的工时制度。企业因生产特点原因，可经由劳动行政部门批准，实行其他工作和休息办法。

用人单位在法定节假日期间应当依法安排劳动者休假。用人单位由于生产经营需要，经与工会和劳动者协商后可以延长工作时间，一般每日不得超过 1 小时；因特殊原因需要延长工作时间的，在保障劳动者身体健康的条件下延长工作时间每日不得超过 3 小时，每月不得超过 36 小时。

有下列情形之一的，用人单位应当按照下列标准支付高于劳动者正常工作时间工资的工资报酬：①安排劳动者延长工作时间的，支付不低于工资的 150% 的工资报酬；②休息日安排劳动者工作又不能安排补休的，支付不低于工资的 200% 的工资报酬；③法定休假日安排劳动者工作的，支付不低于工资的 300% 的工资报酬。

为保障劳动者休息休假的权利，用人单位应当制订合理的排班计划，避免让劳动者超时工作。同时，用人单位应当给予劳动者充分的休息时间，防止劳动者疲劳工作而导致安全事故的发生。

4. 获得劳动安全卫生保护的权利

《劳动法》规定，用人单位必须建立、健全劳动安全卫生制度，严格执行国家劳动安全卫生规程和标准，对劳动者进行劳动安全卫生教育，防止劳动过程中发生事故，降低职业危害。

用人单位应当提供安全的工作环境，配备必要的防护设施和设备。同时，用人单位应当对劳动者进行安全卫生培训，告知其工作中的安全注意事项和应急处置方法。

5. 接受职业技能培训的权利

根据《劳动法》的规定，劳动者有接受职业技能培训的权利。具体来说，劳动者有权接受符合其职业发展需要的职业技能培训，包括专业知识、技能、职业道德等方面的培训。用人单位应当根据本单位实际和职业培训规划，为劳动者提供必要的培训条件和培训机会，关注其职业发展，为其提供职业规划指导和晋升机会。

6. 享受社会保险和福利的权利

根据《社会保险法》规定，用人单位应当为劳动者缴纳基本养老保险、医疗保险、失业保险、工伤保险和生育保险等社会保险费用。同时，用人单位还应当为劳动者提供必要的福利待遇，如住房公积金、餐补、交通补贴等。

《社会保险法》第五十八条规定，用人单位应当自用工之日起三十日内为其职工向社会保险经办机构申请办理社会保险登记。未办理社会保险登记的，由社会保险经办机构核定其应当缴纳的社会保险费。用人单位和劳动者都必须依法参加社会保险、缴纳社会保险费，这是法律强制规定的。即使是在试用期，也不能不缴纳社会保险费。

为保障劳动者享受社会保险和福利的权利，用人单位应当按照相关政策规定为其缴纳各项社会保险费，并提供合理的福利待遇。

劳动者还有提请劳动争议处理的权利和法律规定的其他劳动权利。政府、高校和社会应当共同努力，为大学生提供权益保障措施。同时，大学生自身也应当增强权益保护意识，积极参与权益保护工作，为自己的劳动权益保驾护航。

（四）大学生就业权益的自我保护方式

1. 了解有关法律常识及规定，提高个人法律意识

由于高校毕业生就业市场不尽成熟和完善，有关法律法规和制度尚不健全，大学生在就业过程中不可避免地会遭遇一些不公平现象。因此，大学生应该了解《劳动法》《劳动合同法》《社会保险法》《劳动争议仲裁法》等相关法律法规，这是保护自己权益的基础。如果在就业过程中发现"公司规定"或"部门规定"与国家政策、法规相抵触，侵犯了自己的权益，则可以依据法规办事，维护自己的合法权益。

2. 签好就业协议书，充分发挥就业协议书的作用

就业协议书是明确毕业生、用人单位、学校在毕业生就业工作中权利、义务的书面文本。从法律属性角度分析，就业协议书是一种预约合同，预约合同具有与其他合同相同的法律效力，当事人违反就业协议书，就应当承担违约责任。

> **知识拓展** **实习协议、就业协议书和劳动合同的区别**
>
> 1. 实习协议
>
> 实习协议是在校学生通过参加用人单位的实际工作进行实践、学习时，明确双方权利、义务的协议。毕业前，学生有意实习，用人单位接纳其实习，双方就可签订实习协议，进入实习阶段。实习的主要目的是实践、学习，使学生和用人单位双方加深对彼此的了解，并不代表双方未来一定会建立劳动关系。
>
> 实习关系属于劳务关系，而不是劳动关系，双方签订的是劳务合同，而不是劳动合同。实习关系不受《劳动法》保护，但受《民法典》保护。实习协议是学生保护自我权益的有力武器，如果想去用人单位实习，一定要记得与之签订实习协议。
>
> 2. 就业协议书
>
> 就业协议书也称三方协议，即普通高等学校毕业生、毕业研究生就业协议书，是明确毕业生、用人单位、学校在毕业生就业工作中权利和义务的书面文件，是大学生和用人单位在签订劳动合同前确定就业意向和权益的依据，具有民事合同的性质。
>
> 如用人单位无故要求解约，大学生有权要求对方严格履行就业协议，否则用人单位应对大学生承担违约责任，支付违约金，大学生有权利要求用人单位进行补偿。当大学生正式毕业，与用人单位签订正式的劳动合同后，就业协议书就失效了。
>
> 3. 劳动合同
>
> 劳动合同是指劳动者和用人单位借以建立劳动关系，明确双方权利、义务关系的合同。一般而言，用人单位自用工之日起即与劳动者建立劳动关系，在用工当天就应该和劳动者签订书面的劳动合同，最迟不超过一个月。如果超出一个月未满一年未签订，需要向劳动者支付双倍工资；如果超出一年，将被视为已签订无固定期限劳动合同。

3. 遵循市场规则，预防侵害自身合法权益行为的发生

大学生在求职就业过程中，无论是自荐，应聘，接受面试、笔试，还是与对方洽谈就业意向，都应本着"真诚、信实、平等"的原则，凭借自身实力参与竞争，双向选择。同时，还要有风险意识，对于有些用人单位招聘人员时夸大条件，以欺骗手段吸引人才的做法要有提防、戒备心理，预防侵害自身合法权益行为的发生。

> **知识拓展** **人力资源社会保障部办公厅关于开展 2024 年全国人力资源市场高校毕业生就业服务专项行动的通知（节选）**
>
> （一）广泛开拓市场化招聘岗位。聚焦产业发展前沿，鼓励面向数字经济、绿色经济、银发经济和乡村振兴等重点领域，主动对接重大项目、重大工程、重点企业等，深入调查摸底，挖掘岗位资源，拓宽就业渠道。……

（二）精准开展大规模线上招聘。专项行动在中国人力资源市场网设立线上招聘主会场，在中国公共招聘网、高校毕业生就业服务平台、中国国家人才网以及中智招聘、国聘等网络招聘平台开设专区，搭建集成化、一体化就业服务平台。鼓励人力资源服务企业积极参与网络招聘活动，持续推出群体性、行业性、区域性线上专场招聘，并与专项行动主会场链接。

（三）创新举办线下招聘活动。加密定制化、分群体、分行业现场招聘活动频次，因地制宜组织各类现场招聘会，提升现场招聘会匹配效率和精准性。鼓励举办专门面向"三支一扶"计划等基层服务项目服务期满人员、国家乡村振兴重点帮扶县高校毕业生的专场招聘活动。组织多种形式的进园区、进校区、进社区招聘活动，推动就业服务下沉基层。……

（四）集中组织直播带岗宣讲。开展分地区、分行业、分领域的集中直播带岗活动，提供岗位推送、线上答疑、热门企业推荐、直播投递等全方位的求职服务。及时梳理就业政策清单，开展政策在线宣讲活动……

（五）优化就业指导和职业体验服务。开展积极向上、生动活泼、形式多样的就业指导，引导高校毕业生树立正确择业观和就业观。开展求职者走进企业、走进基层现场观摩、实地体验活动，增强职业认知。……

（六）创新线上测评和考试服务。组织人力资源服务机构依托在线人才测评服务平台，为高校毕业生提供公益性人才测评服务。支持有条件的人力资源服务机构拓展线上服务功能，为参与活动的用人单位提供线上考试、远程面试和就业签约的全流程服务。

（七）有序组织人力资源服务进校园。采取多种形式开展"人力资源社会保障厅（局）长校园行"，组织骨干人力资源服务企业、人力资源经理等走进校园，送政策、送指导、送信息。……

课后任务

任务1：早上9点上班、晚上9点下班、一周工作6天的工作时间安排合法吗？请写出你的意见。

我的意见	参考意见

任务2：如何规避求职陷阱？请写出你的建议。

我的意见	参考意见

任务三　了解劳动安全知识

> **名人名言**
>
> 居安思危，思则有备，有备无患，敢以此规。
>
> ——左丘明

学习目标

- 知识目标：
  理解劳动安全的概念；了解劳动安全隐患的预防措施；了解劳动者和用人单位在安全生产方面的权利和义务。
- 能力目标：
  能够辨识不同的劳动安全生产标志；能够识别劳动生产过程中的安全隐患。
- 素质目标：
  培育公共服务意识；培养认真负责、安全规范的劳动习惯。

 劳模小故事

徐博海：处险不退缩，人在阵地在

徐博海是国家能源集团大渡河大岗山发电有限公司运行维护处党支部书记、副主任兼运维三值值长。2022年，四川省泸定县地震时，徐博海一句"只要我还在，就一定能接起电话，如果后续电话无人接听，那么应急指挥中心和我都不在了"，感动了数亿中国人。

徐博海在工作

2022年9月5日12时52分，四川省泸定县发生6.8级地震，距离震中仅21千米的国家能源集团大渡河大岗山水电站震感强烈。危急关头，运维三值值长徐博海和他的组员没有退缩，顶着余震临危而上、逆向前行，沉着冷静开展应急处置，确保电站安全和稳定发电，保障了下游数万名群众的生命和财产安全。

多年来，国家能源集团大渡河大岗山发电有限公司推进大型流域水电企业智慧企业探索实践，建立"无人值班、少人值守"模式，推动生产管理由人工化向智能化转变。公司建立了防震减灾工作体制机制和应急救援体系，建成生产指挥中心、大坝安全管控中心、地质灾害预测预警中心，组建了专业高效的应急抢险队伍，徐博海正是其中的一员。2023年"五一"前夕，中华全国总工会召开大会表彰2023年全国"五一"劳动奖章和全国工人先锋号获得者。徐博海获得全国"五一"劳动奖章。

"光荣在于平淡，艰巨在于漫长。"作为一名有十几年党龄的老党员，徐博海在平淡的日子里时刻保持学习，保持强烈的党性意识和先锋模范意识；在漫长的岁月里，践行共产党人的初心和使命。因为谁也不知道，艰巨的任务什么时候会到来，当它真正来临时，你又能否豁得出、顶得上、扛得住？时间是检验一位共产党员先进性的重要利器，徐博海交出了一份令人满意的答卷。

 学习感悟

微课4-3：劳动安全基本知识

知识要点

劳动创造财富，安全带来幸福。保障劳动者的安全和职业健康是《劳动法》赋予劳动者最重要的权利。我们早晚有一天要参加工作，理应学习如何预防在工作中受到伤害。我国《劳动法》规定，用人单位必须建立、健全劳动安全卫生制度，严格执行国家劳动安全卫生规程和标准，对劳动者进行劳动安全卫生教育，防止劳动过程中的事故发生，减少职业危害。

一、了解劳动安全

（一）劳动安全的概念

劳动安全指在生产劳动过程中，防止中毒、车祸、触电、塌陷、爆炸、火灾、坠落、机械外伤等危及劳动者人身安全的事故发生。获得劳动安全卫生保护的权利是劳动者享有的在职业劳动中获得人身安全保障、免受职业伤害的权利。

（二）常见的劳动安全标志

为防止事故的发生，国家有关部门规定在生产场所、公共集聚场所统一使用安全色和安全标志。这些安全色和安全标志以形象而醒目的方式向人们展示了禁止、警告、指令、提示等信息。

1. 安全色

国家强制标准《安全色》规定，所谓安全色即"传递安全信息含义的颜色"，包括红、黄、蓝、绿四种。在安全标志中，安全色需要和相应的对比色配合使用，以传达特定的意义。

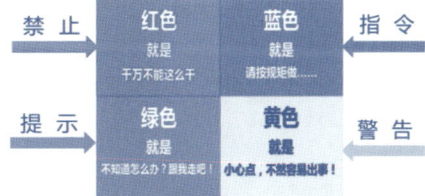

安全色

2. 安全标志

安全标志由安全色、几何图形和形象的图形符号构成，用以表达特定的安全信息。安全标志分为以下四类。

（1）禁止标志，是禁止人们不安全行为的图形标志。我国规定的禁止标志有很多，如禁止吸烟、禁止烟火、禁止带火种、禁止用水灭火、禁止放易燃物等。

禁止标志

（2）警告标志，是提醒人们对周围环境引起注意的图形标志。与安全生产相关的警告标志有当心爆炸、当心腐蚀、当心中毒、当心感染、当心触电等。

警告标志

（3）指令标志，是强制人们必须做出某种动作或采取防范措施的图形标志。指令标志中与安全生产相关的有必须戴安全帽、必须戴防护帽、必须戴防护手套、必须穿防护鞋、必须系安全带等。

指令标志

（4）提示标志，是向人们提供某种信息的图形标志。提示标志中常用的有安全出口、电话、躲避硐、急救站等。

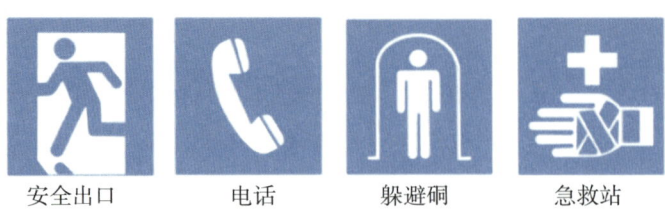

安全出口　　电话　　躲避硐　　急救站

提示标志

（三）常见的劳动安全隐患

劳动安全隐患是指企业的设备、设施、厂房、环境等方面存在的可能造成人身伤害的各种潜在危险因素。以下是常见的劳动安全隐患。

1. 机械伤害

机械伤害是指机械设备在使用过程中对操作者造成的人身伤害。常见的机械伤害包括切割、挤压、撞击、勾拌、摩擦、缠绕等。这些伤害都可能导致严重的后果，如皮肤撕裂、骨折、头部损伤等。

2. 化学伤害

化学伤害是指在生产、工作过程中接触到的化学物品对操作者造成的伤害。常见的化学伤害包括腐蚀、中毒、燃烧、爆炸等。这些伤害可能导致皮肤炎症、灼伤、眼睛损伤等。

安全生产

3. 电气伤害

电气伤害是指电气设备在使用过程中对操作者造成的伤害。常见的电气伤害包括触电、短路、电火花等。这些伤害可能导致心脏骤停、烧伤、触电死亡等。

4. 高处坠落

高处坠落是指从高处跌落对操作者造成的伤害。这些伤害可能导致骨折、头部损伤、内脏损伤等。

5. 物体打击

物体打击是指在工作过程中被物体撞击对操作者造成的伤害。这些伤害可能导致骨折、头部损伤、内脏损伤等。

6. 中暑与冻伤

中暑与冻伤是指在高温或低温环境中工作对操作者造成的伤害。常见的中暑与冻伤发生在高温作业或低温作业时。这些伤害可能导致中暑、昏迷、冻伤等。

7. 噪声与振动伤害

噪声与振动是指在生产、工作过程中对操作者造成的噪声和震动伤害。常见的噪声与振动包括机械噪声、电磁噪声等。这些伤害可能导致听力损伤、眩晕、恶心等。

8. 辐射伤害

辐射伤害是指在生产、工作过程中接触到的电磁辐射和放射性物质对操作者造成的伤害。常见的辐射伤害包括紫外线、红外线、X射线、其他放射性物质等造成的伤害。这些伤害可能导致皮肤损伤、视力损伤、遗传变异等。

9. 跌倒和坠落

跌倒和坠落是指在行走或站立时突然失去平衡导致操作者受伤。常见的跌倒和坠落包括地面滑倒、楼梯失足、高处跌落等。这些伤害可能导致骨折、头部损伤等。

10. 窒息和中毒

窒息和中毒是指在生产、工作过程中吸入有害气体或摄入有毒物质导致操作者受伤。常见的原因包括密闭空间、有毒气体泄漏等。这些伤害可能导致窒息、中毒死亡等。

中毒的症状

（四）劳动安全隐患的防范

在生产、工作过程中，采取有效的防范措施可以减少事故和人身伤害的发生。以下是针对劳动安全隐患的具体防范措施。

1. 加强安全培训

安全培训是提高员工安全意识和操作技能的重要手段。加强安全培训可以使员工了解安全隐患和安全操作规程，提高安全意识和自我保护能力。用人单位应当对新员工进行全面的安全培训，使他们了解工作环境和安全操作规程；对老员工进行定期复训，促进其实现技能和知识的更新。

安全培训

2. 制定安全规范

制定并执行安全规范是预防安全事故的基本措施。用人单位应建立安全规范制度，明确各项工作的安全操作规程和安全要求，并严格执行。同时，要加强监督检查，确保员工遵守安全规范。还要深化应急预案体系建设，加强应急演练和队伍建设,强化应急准备和监测预警,妥善处置各类突发事件。

应急演练

3. 加强安全检查

安全检查是发现和消除事故隐患、落实安全措施、预防事故发生的重要手段。它可以帮助用人单位及时发现潜在的安全隐患,采取措施加以解决,从而确保生产安全和员工人身安全。在进行安全检查时,用人单位需要采取一系列有效措施。首先,需要制订全面的安全检查计划,明确检查的时间、地点、内容以及人员等。其次,需要对危险源进行分类管理,针对不同类型的安全隐患进行专项检查。最后,

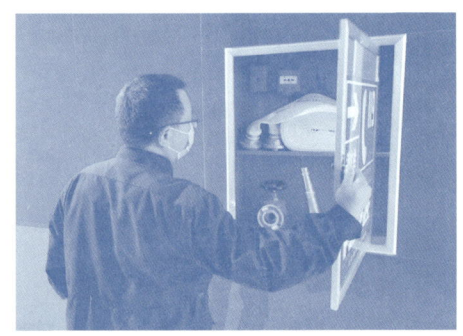

加强安全检查

应采用多种检查方法,如定期检查、抽查、巡查等,以确保检查效果。在发现安全隐患后,需要及时整改,并跟踪整改情况,确保问题得到彻底解决。

4. 配备安全设施

安全设施是保障员工人身安全的重要手段。用人单位应该采取以下措施加强安全设施配备:①根据生产特点和危险源情况,合理配置安全设施,如防火设施、应急设备等;②对安全设施进行定期维护和保养,确保设施正常运行;③对损坏或失效的设施及时进行更换和维修,确保员工人身安全;④加强安全设施的巡查和监管,防止设施被滥用或损坏。

5. 设置安全警示标识

设置安全警示标识是提醒员工注意安全的重要手段。用人单位应该采取以下措施加强设置安全警示标识:①在危险源周围设置明显的安全警示标识,如禁止吸烟、禁止通行等;②对安全警示标识进行定期维护和更新,确保标识清晰和准确;③采用规范的安全警示标识符号和颜色,避免产生误导或造成混淆。

6. 风险评估

风险评估是确定事故发生可能性的重要依据,它通过对生产活动中可能发生的事故进行全面、系统的评估,确定事故发生的可能性和造成的损失,从而为预防事故发生提供依据。通过风险评估,用人单位可以识别和确定生产过程中的潜在危险点和事

故隐患，及时采取措施进行风险控制，减少事故发生的可能性。同时，风险评估可以为用人单位的安全管理提供指导和支持，促进安全生产的顺利进行。

> **知识拓展**
>
> **《中华人民共和国安全生产法》**
（节选）
>
> 　　第一条　为了加强安全生产工作，防止和减少生产安全事故，保障人民群众生命和财产安全，促进经济社会持续健康发展，制定本法。
>
> 　　第二条　在中华人民共和国领域内从事生产经营活动的单位（以下统称生产经营单位）的安全生产，适用本法；有关法律、行政法规对消防安全和道路交通安全、铁路交通安全、水上交通安全、民用航空安全以及核与辐射安全、特种设备安全另有规定的，适用其规定。
>
> 　　第三条　安全生产工作坚持中国共产党的领导。
>
> 　　安全生产工作应当以人为本，坚持人民至上、生命至上，把保护人民生命安全摆在首位，树牢安全发展理念，坚持安全第一、预防为主、综合治理的方针，从源头上防范化解重大安全风险。
>
> 　　安全生产工作实行管行业必须管安全、管业务必须管安全、管生产经营必须管安全，强化和落实生产经营单位主体责任与政府监管责任，建立生产经营单位负责、职工参与、政府监管、行业自律和社会监督的机制。
>
> 　　第四条　生产经营单位必须遵守本法和其他有关安全生产的法律、法规，加强安全生产管理，建立健全全员安全生产责任制和安全生产规章制度，加大对安全生产资金、物资、技术、人员的投入保障力度，改善安全生产条件，加强安全生产标准化、信息化建设，构建安全风险分级管控和隐患排查治理双重预防机制，健全风险防范化解机制，提高安全生产水平，确保安全生产。
>
> 　　平台经济等新兴行业、领域的生产经营单位应当根据本行业、领域的特点，建立健全并落实全员安全生产责任制，加强从业人员安全生产教育和培训，履行本法和其他法律、法规规定的有关安全生产义务。

二、认知劳动保护

（一）劳动保护的内涵

劳动保护是国家和用人单位为保护劳动者在劳动生产过程中的安全和健康所采取的立法、组织和技术措施的总称。其根据国家法律法规，依靠技术进步和科学管理，采取组织措施和技术措施，消除危及人身安全健康的不良条件和行为，防止事故和职业病，保护劳动者在劳动过程中的安全与健康，其内容包括劳动安全保护、劳动卫生保护、女性劳动保护、工作时间与休假制度等。

劳动保护的目的是为劳动者创造安全、卫生、舒适的劳动工作条件，消除和预防劳动生产过程中可能发生的伤亡、职业病和急性职业中毒情况，保障劳动者的健康，促进劳动生产率的提高，保证社会主义现代化建设顺利进行。

（二）劳动保护的内容

1. 劳动安全保护

为了保护劳动者的劳动安全，防止和消除劳动者在劳动和生产过程中的伤亡事故，以及防止生产设备遭到破坏，我国《劳动法》和其他相关法律法规制定了劳动安全技术规程。劳动安全技术规程的内容主要包括：①机器设备的安全；②电气设备的安全；③锅炉、压力容器的安全；④建筑工程的安全；⑤交通道路的安全。企业必须按照这些安全技术规程使各种生产设备达到安全标准，切实保护劳动者的劳动安全。

2. 劳动卫生保护

为了保护劳动者在劳动生产过程中的身体健康，避免有毒、有害物质的危害，防止、消除职业中毒和职业病，我国制定了劳动卫生方面的法律法规。这些法律法规制定了相应的劳动卫生规程，主要包括以下内容：①防止粉尘危害；②防止有毒、有害物质的危害；③防止噪声和强光的刺激；④防暑降温和防冻取暖；⑤通风和照明；⑥个人保护用品的供给。企业必须遵守这些劳动卫生规程、达到劳动卫生标准，才能切实保护劳动者的身体健康。

3. 女性劳动保护

《劳动法》对女性劳动的保护有以下几个方面：①禁止安排女职工从事矿山井下、国家规定的第四级体力劳动强度的劳动和其他禁忌从事的劳动；②不得安排女职工在经期从事高处、低温、冷水作业和国家规定的第三级体力劳动强度的劳动；③不得安排女职工在怀孕期间从事国家规定的第三级体力劳动强度的劳动和孕期禁忌从事的劳动；④对怀孕七个月以上的女职工，不得安排其延长工作时间和夜班劳动；⑤女职工生育享受不少于九十天的产假；⑥不得安排女职工在哺乳未满一周岁的婴儿期间从事国家规定的第三级体力劳动强度的劳动和哺乳期禁忌从事的其他劳动，不得安排其延长工作时间和夜班劳动。

4. 工作时间与休假制度

长时间的工作和缺乏休息会导致员工身体疲劳和产生心理压力。身体疲劳会降低员工的工作效率和准确性，同时会对员工的身心健康产生负面影响。心理压力则会使员工感到焦虑、紧张、抑郁等，从而影响其工作表现和人际关系。

用人单位应严格控制加班加点，保证劳动者有合理的休息和休假时间，使劳动者保持健康的体魄、高涨的热情和充沛的精力，从而保证安全生产，提高劳动效率。

（三）用人单位的劳动保护义务

1. 建立健全各项劳动安全卫生制度，广泛开展劳动安全卫生教育

这主要包括以下几个方面：①普及劳动安全卫生知识；②让劳动者熟悉安全生产规章制度；③使劳动者掌握本岗位的安全操作技能；④严格执行"未经安全生产教育和培训合格的从业人员不得上岗"的规定。

2. 按规定提供劳动安全设施和劳动安全卫生条件

劳动安全卫生设施必须符合国家规定的标准。新建、改建、扩建工程的劳动安全卫生设施必须与主体工程同时设计、同时施工、同时投入生产和使用。

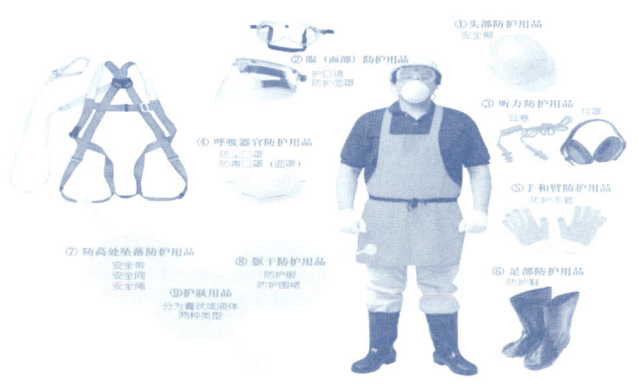

常见的防护用品

用人单位必须提供必要的劳动防护用品。必要的劳动防护用品是指员工在从事某项工作时，为保证其健康与安全，用人单位所应提供的基本劳动防护用品。用人单位必须按照国家有关规定发放劳动防护用品。发放劳动防护用品应当根据员工劳动条件发放，属于在生产过程中保护员工的安全与健康的防护用品，必须发给员工本人。用人单位对劳动防护用品应当依照规定免费发放，并建立健全劳动防护用品的发放、保管、使用和回收等制度。

3. 定期对从事有职业危害作业的劳动者进行健康检查

职业危害是指生产过程中或者作业场所存在的危害员工身体健康的尘毒危害、工业性毒物、辐射、噪声等危害。用人单位必须按照国家有关规定，定期对从事有职业危害作业的劳动者进行健康检查。员工因按照接受职业性健康检查所占用的生产、工作时间，应当按照正常出勤处理。

常见职业病病因

> **小贴士**
>
> 职业病是指企业、事业单位和个体经济组织的劳动者在职业活动中，接触粉尘、放射性物质和其他有毒有害物质等因素而引起的疾病。职业病危害极大，包括对个人、企业和国家的危害，具体如下。
>
> （1）对个人的危害：一旦患上职业病，很容易丧失劳动能力，甚至致残、致死；慢性职业病往往需要终身治疗，治疗和康复费用昂贵。
>
> （2）对企业的危害：职业病人逐年不断累积的医疗和康复费用会给用人单位造成严重的负担，有可能导致用人单位破产（用人单位必须承担职业病患者的治疗康复费用，甚至会被罚款）。
>
> （3）对国家的危害：职业病患者绝大多数是青壮年，直接影响到我国人口素质和劳动力资源的可持续发展。

4. 对从事特种作业的劳动者进行职业培训

《劳动法》第五十五条规定，从事特种作业的劳动者必须经过专门培训，并取得特种作业资格。

（四）劳动者在安全生产中的权利和义务

劳动者有了解生产作业场所和工作岗位存在的不安全因素和职业危害的权利。劳动者有权了解和掌握生产安全事故、职业病的防范措施和应急处理措施，并有权对本单位的劳动安全卫生工作提出意见、建议。劳动者有对用人单位在劳动安全卫生工作中存在的问题提出批评、检举和控告的权利，有权拒绝违章指挥、强令冒险作业。劳动者发现直接危及人身安全的紧急情况时，有进行紧急避险的权利。

劳动者在劳动过程中，必须遵守有关劳动保护的法律、法规、规章、技术标准、规程和行业规范，遵守劳动纪律和劳动保护管理制度，执行安全操作规程。

小贴士

生产经营单位与从业人员订立的劳动合同应当载明有关保障从业人员劳动安全防止职业危害的事项，以及依法为从业人员办理工伤保险的事项。

生产经营单位不得以任何形式与从业人员订立协议，免除或者减轻其对从业人员因生产安全事故伤亡依法应承担的责任。

因生产安全事故受到损害的从业人员，除依法享有工伤保险外，依照有关民事法律尚有获得赔偿的权利的，有权向本单位提出赔偿要求。

知识拓展　　工伤的认定及赔付条件

一、工伤认定范围

1. 认定为工伤的情形

职工有下列情形之一的，应当认定为工伤：①在工作时间和工作场所内，因工作原因受到事故伤害的；②工作时间前后在工作场所内，因从事与工作有关的预备性或者收尾性工作受到事故伤害的；③在工作时间和工作场所内，因履行工作职责受到暴力等意外伤害的；④患职业病的；⑤因工外出期间，由于工作原因受到伤害或者发生事故下落不明的；⑥在上下班途中，受到机动车事故伤害的；⑦法律、行政法规规定应当认定为工伤的其他情形。

2. 视同为工伤的情形

职工有下列情形之一的，视同工伤：①在工作时间和工作岗位，突发疾病死亡或者在48小时之内经抢救无效死亡的；②在抢险救灾等维护国家利益、公共利益活动中受到伤害的；③职工原在军队服役，因战、因公负伤致残，已取得革命伤残军人证，到用人单位后旧伤复发的。

二、工伤事故赔偿条件

工伤事故的损害赔偿责任适用无过错责任原则,工伤事故损害赔偿责任必须具备以下要件:①职工与企业或雇主之间存在劳动关系,包括企业作为用人单位,与职工之间没有签订书面劳动合同而建立了实际的事实劳动关系;②职工有受到人身损害的事实;③职工的损害必须在其履行工作职责的过程中发生,即在工作时间、工作场所因工作原因发生的事故。

工作中事故发生后,单位应在 30 日内(时限)申请工伤认定,超过 30 天不超过 1 年(时效)期间也可申请,但工伤认定之前的费用由单位承担。

如单位不为职工申请认定,职工或者其近亲属可在 1 年内(时效)到社会保险行政部门(人力资源和社会保障局)申请认定。

课后任务

任务 1:请谈一谈你在兼职、实习中遇到的劳动安全问题。

我的意见	参考意见

任务 2:请谈一谈大学生应如何应对劳动安全问题。

我的意见	参考意见

下篇 投身劳动实践

（实训篇）

模块五　走进校园

任务一　开展宿舍清洁与美化活动

开展宿舍清洁与美化活动是大学生劳动教育实践的重要组成部分，是大学生培养劳动意识和责任感的重要途径。通过清洁宿舍环境、整理摆放家具等具体工作，大学生可以学习关于清洁工具、垃圾分类、环境保护等的基本知识，培养动手实践能力和团队协作精神。此外，宿舍清洁与美化活动还能让大学生养成良好的生活习惯，创造一个舒适、整洁的学习、生活环境。

名人名言

只有劳动才能使人的知识得以丰富，才能使人的思维变得敏锐，并且使人得到智慧。

——高尔基

劳动目标

- 知识目标：
  掌握宿舍清洁与美化的基本知识；了解环境保护的重要性；知道如何在清洁过程中遵守环保原则。
- 能力目标：
  培养动手实践能力；提升自我管理能力；培养团队协作能力。
- 素质目标：
  培养责任感和自律性；培养环境保护意识；培养细心和耐心的品质；培养团队合作意识和沟通能力。

劳模小故事

陈慧芳：让"家政人"露出自信的笑容

陈慧芳作为一名充满活力和激情的家政服务行业代表，获得了2023年山西省"五一"劳动奖章。她的职业生涯始于担任家政服务人员，凭借出色的工作表现和强大的学习能力，她逐渐崭露头角，成为山西省太原市家政、养老小微企业孵化基地项目的负责人。她的工作不仅涵盖了家政服务的各个方面，还涉及培训、孵化企业和推动行业标准化等领域。

陈慧芳

"我负责孵化基地项目后,正赶上太原市大力开展'双创'工作,基地也迎来了一个快速发展期,面积增加了两倍。我们累计组织开展了就业培训150场,共计让3 000多名大学生、退伍军人、贫困农民通过培训掌握了一定的技能,帮助350名家政人员找到了合适的岗位。"陈慧芳说。

对于自己的成就,陈慧芳从不满足。她深知,家政行业是一个不断发展的行业,需要不断地学习和进步。她注重提升自身的职业素养和服务理念,同时帮助其他从业人员提升职业素养和服务质量。她相信,只有不断提升自己,才能更好地提供优质的服务。

 学习感悟

___

 劳动实践

一、劳动准备

(1)劳动场地:要清洁与美化的宿舍。
(2)工具与材料:必要的清洁工具,如扫把、拖把、垃圾袋等。
(3)劳动知识准备:了解宿舍清洁与美化的基础知识及常识,如分类垃圾清理、环保清洁剂的使用等内容。
(4)服装准备:舒适、宽松的劳动服装。

二、劳动步骤

请根据表5-1中的劳动步骤及劳动要点开展劳动实践,并以简短的语句将劳动过程中的经验与心得记录在表5-1中。

表5-1 劳动过程记录表

劳动步骤	劳动要点	劳动操作经验与心得
第1步,制订计划	(1)每个成员需要了解宿舍的具体情况,包括房间的大小、家具的摆放等; (2)根据宿舍的实际情况,制订清洁与美化的具体计划; (3)每周进行一次大扫除,保持基本的卫生习惯等	

续　表

劳动步骤	劳　动　要　点	劳动操作经验与心得
第2步，分工合作	（1）宿舍的清洁与美化工作由所有成员共同承担，成员明确各自的职责； （2）安排成员负责扫地和拖地、擦桌椅、整理床铺、清理垃圾等	
第3步，开展清洁工作	（1）先进行扫地和拖地； （2）擦拭桌椅，整理床铺； （3）清理垃圾； （4）注意使用合适的清洁剂和工具，避免对宿舍的设施造成损害	
第4步，美化布置	在完成清洁工作后，可以根据个人喜好对宿舍进行装饰、布置；例如，挂一些自己喜欢的画或照片，摆放一些小装饰品等	
第5步，检查验收	完成清洁与美化工作后，全体成员共同检查验收，确保工作质量；成员可以提出自己的意见和建议，共同讨论如何改进和完善	

三、劳动注意事项

（1）务必注意个人安全。在使用清洁工具时要戴好手套，避免受伤；在高处清洁时要注意站稳，防止摔倒。

（2）要正确分类垃圾，将可回收物、有害垃圾、湿垃圾和干垃圾分别放入相应的垃圾桶中，遵守环保原则。

（3）使用清洁剂时，要注意使用方法和剂量，避免过量使用或混合使用造成危险。

（4）要细心保护宿舍内的物品，避免过于大力造成家具损坏。将物品放置整齐，避免摆放过多杂物。

（5）要注重环境保护，节约用电；避免浪费水资源，使用节水设备，如节水龙头，关闭不用的水龙头。

（6）要积极合作，合理分工，相互协助。遵守规定的流程和任务，保持良好的沟通和协调，以达到高效完成工作的目标。

（7）在清洁完成后，要及时整理工具和清洁用品，将垃圾清理干净。

四、成果交流

（1）请交流分享以下内容，并将自己的相关情况记录下来。

① 我在美化宿舍中的劳动任务是_____。

② 我美化宿舍劳动任务的重点是_____。

③ 我在此次劳动实践中的最大收获是_____。

④ 我在此次劳动实践过程中最大的困难是_____。

（2）将自己的劳动实践以及成果的照片粘贴在下面的框内。

粘贴处

劳动评价

分别进行自我评价、同学评价和老师评价，并填写表 5-2。

表 5-2 劳动评价表

评价维度	评价标准	评价角度		
		自我评价 （1—10分）	同学评价 （1—10分）	老师评价 （1—10分）
劳动态度	按时参与劳动实践，遵守劳动规定和流程			
	认真预习，课前准备充分			
	在劳动过程中积极参与、主动探索			
劳动能力	能够按时完成劳动任务			
	解决问题能力			
	团队协作能力			
	创新能力			
劳动成效	任务完成进度			
	任务完成质量			
总体评价	总体表现及潜力			
总　　分				

课后任务

请参加宿舍清洁与美化活动，并在表 5-3 中记录劳动情况。

表 5-3 劳动情况记录表

劳动时间		劳动地点	
劳动服务对象		劳动实践人	
劳动中的感受	劳动中的快乐		
	劳动中的不足		
	劳动熟练程度		
	劳动的建议		
成果展示	粘贴处		

任务二　开展校园植树活动

我国自古以来就有植树的传统。植树以清明时节为最佳，此时气候温暖，春雨飞洒，利于树苗成活。植树造林对于调节气候、涵养水源、减轻大气污染具有重要意义。每年 3 月 12 日为我国法定的植树节。在植树过程中，大学生可以体验劳动的乐趣和艰辛，深入理解植树对环境保护的重要性，增强环保意识和社会责任感。

活动视频 5-1：
开展校园植树活动

植树造林，种下的既是绿色树苗，也是祖国的美好未来。

——习近平

劳动目标

- 知识目标：
  了解树木种植知识；了解校园生态环境的重要性及保护环境的意义。
- 能力目标：
  能够熟练地按照植树的基本步骤进行植树，掌握种植技巧。
- 素质目标：
  树立保护环境的观念，提升环境意识和社会责任感。

劳模小故事

马永顺：为大山披上新绿的植树模范

马永顺带领全家绿化造林

中华人民共和国成立伊始，百废待兴，黑龙江林区成了支援国家建设的重要物资基地。在艰苦的条件下，马永顺在一个采伐期就伐木1 200立方米，创造了当时全国手工作业伐木的最高纪录。马永顺还善于钻研，他总结创造的工作方法，成为当时全国手工采伐作业的样板。

1959年9月，马永顺出席全国"群英会"，参加建国十周年国庆观礼。周恩来总理说，"你们林业工人要多造林，造好林，实现青山常在，永续利用"，这成了他为之奋斗的目标。在伐木的同时，马永顺还提出采育结合，保护林中幼树不受伤害，并在春季利用工余时间植树造林。退休后的马永顺心里还一直惦记着种树的事。只要身子还能动，就要上山把树种。1991年，已经78岁的马永顺开始动员全家每年跟自己上山造林。1998年6月，马永顺荣获联合国颁发的全球环保500佳荣誉称号。1999年，在被授予全国"五一"劳动奖章后，他又获得"全国十大绿化标兵"称号。

 学习感悟

_____
_____
_____
_____
_____

 劳动实践

一、劳动准备

（1）劳动场地：校园的空地、校园周边的绿化带或者其他合适的地方。

（2）工具与材料：工具包括铁锹、铁锨、手套、水桶等；材料包括树苗、肥料等。

（3）劳动知识准备：学习相关的劳动知识，特别是关于树木种植和养护的知识。可以通过参加培训课程、读书、请教专业人士或查阅相关资料来学习相关知识。

（4）服装准备：舒适、宽松的劳动服装等。

二、劳动步骤

请根据下表中劳动步骤及劳动要点开展劳动实践，并以简短的语句将劳动过程中的经验与心得记录在表5-4中。

表 5-4　劳动过程记录表

劳动步骤	劳 动 要 点	劳动操作经验与心得
第 1 步，确定植树计划	确定植树的具体时间、地点和目标；可以与学校相关部门或社团组织协商，获得必要的许可和支持	
第 2 步，组织招募志愿者	招募感兴趣且愿意参与的志愿者，组织一个植树团队；确保团队成员的数量和组织结构合理，确保每个人都能参与活动	
第 3 步，植树培训	学习树木种植和养护的知识	
第 4 步，准备工具和材料	根据植树的需求，准备好必要的工具和材料，如铲子、铁锹、水桶、围栏、肥料等；确保工具和材料的数量足够，并且质量好	
第 5 步，挖坑	（1）根据树苗的大小和根系的情况，确定坑的深度和宽度，用铁锹或铲子挖出坑； （2）将表层的土壤和底层的土壤分开堆放，确保土壤能覆盖树苗的根部	
第 6 步，栽树	（1）将树苗放入坑中，并调整好位置； （2）将树苗的根部放在坑底的中央位置，让根系舒展； （3）将适量的土壤填入坑中并压实； （4）在填土的过程中，需将树苗稍微向上提一下，以确保根系充分接触土壤； （5）分层压实土壤，防止树苗摇晃	
第 7 步，浇水	（1）浇适量的水，以保证树苗成活； （2）浇水后，将一层干草或塑料薄膜覆盖在树苗周围的土壤上，以保持土壤湿度	
第 8 步，后续工作	植树活动结束后，需要对树木进行适当的浇水、施肥和养护，同时记录活动过程和成果，总结经验，为以后的校园植树活动提供参考和改进的方向	

三、劳动注意事项

（1）确保自身在活动中的安全。穿着适合劳动的衣服和鞋子，戴上防护手套等，注意工具的正确使用方法，防止发生意外伤害。

（2）参与活动时，应遵守所在学校和活动场地的规章制度，确保活动场地的秩序和安全。

（3）在植树活动中，要尊重自然环境和生态系统，遵循相关的环境保护法规和准则，避免对生态环境的破坏。

（4）作为大学生，要有强烈的社会责任感。参与植树活动是在为社会和环境做贡献，要保持积极的态度，认真对待每一棵树的种植和养护。

（5）对待植树活动要有认真负责的态度，做好准备工作，安排好时间和任务，确保活动的顺利进行。

四、成果交流

（1）请交流分享以下内容，并将自己的相关情况记录下来。

① 我植树的步骤是 _____。

② 我在植树中获得的经验是 _____。

③ 我在植树过程中感到最快乐的是 _____。

④ 我在植树过程中遇到的最大的困难是 _____。

（2）将自己植树时的照片以及成果的照片粘贴在下面的框内。

粘贴处

劳动评价

分别进行自我评价、同学评价和老师评价，并填写表 5-5。

表 5-5　劳动评价表

评价维度	评价标准	评价角度		
		自我评价 （1—10分）	同学评价 （1—10分）	老师评价 （1—10分）
劳动态度	按时参与劳动实践，遵守劳动规定和流程			
	认真预习，课前准备充分			
	在劳动过程中积极参与、主动探索			
劳动能力	能够按时完成劳动任务			
	解决问题能力			
	团队协作能力			
	创新能力			
劳动成效	任务完成进度			
	任务完成质量			
总体评价	总体表现及潜力			
总　　分				

📝 课后任务

请参加一次植树活动，并在表 5-6 中记录劳动情况。

表 5-6 劳动情况记录表

劳动时间		劳动地点	
劳动服务对象		劳动实践人	
劳动中的感受	劳动中的快乐		
	劳动中的不足		
	劳动熟练程度		
	劳动的建议		
成果展示	粘贴处		

任务三　开展校内实训室维护与管理活动

开展校内实训室维护与管理活动，可以提高大学生的实践能力和综合素质，培养大学生的实践操作技能、团队协作能力和劳动素养，促进大学生全面发展。

入山见木，长短无所不知；入野见草，大小无所不识。然而不能伐木以作室屋，采草以和方药，此知草木所不能用也。

——王充

劳动目标

- 知识目标：
  了解实训室维护与管理的相关规章制度。
- 能力目标：
  掌握实训室维护与管理的技能和方法，具备一定的解决实训室维护与管理过程中实际问题，如设备调试、保养、维修，以及环境卫生维护等问题的能力。
- 素质目标：
  培养认真负责的劳动态度，提高团队协作能力和创新思维能力。

劳模小故事

邢小颖：高职毕业，清华就业

2023 年，29 岁的邢小颖已在清华大学基础工业训练中心任教 9 年，并连续 8 年获评基础工业训练中心实践教学特等奖或一等奖。她的铸造课"火"出了清华，就连参与跨校选课的北大学子都直呼"一课难求"，讲课视频在网上的播放量更是达到过亿人次。

邢小颖为学生授课

2011 年，邢小颖考入陕西工业职业技术学院，因为"听说材料专业的毕业生很抢手"，她选择了材料成型与控制技术专业。在重实训、强技能的校园氛围中，她在占据近一半课时的实训课上苦练本领。凭着踏实认真的态度与扎实的技能，2014 年，邢小颖以专业综合排名第一的成绩被推荐到清华大学基础工业训练中心任教。

"2015 年，我报考了中国地质大学的专升本，2017 年顺利毕业拿到学士学位。工作之余，我在专业领域做研究、发论文、申请专利，2021 年获评工程师职称。"邢小颖坦言，是职业教育给了她人生出彩的机会，让她得以看到更高、更远、更广阔的世界。

 学习感悟

_____
_____
_____
_____

 劳动实践

一、劳动准备

（1）劳动场地：学校实训室。

（2）工具与材料：维护工具与材料，如螺丝刀、扳手、万用表等维修工具，以及用于日常清洁和维护实训室环境的工具，包括手套、口罩、扫帚、拖把、清洁剂、抹布等。

（3）劳动知识准备：接受安全培训，了解机房安全规定和操作规程，如设备电源接线、网络安全等相关知识；了解实训室维护与管理的相关理论知识，包括设备运行原理、故障排查方式、软件安装方式等。

（4）服装准备：适当的工作服或舒适、便于活动的服装。

二、劳动步骤

请根据表 5-7 中的劳动步骤及劳动要点开展劳动实践，并以简短的语句将劳动过程中的经验与心得记录在表 5-7 中。

表 5-7　劳动过程记录表

劳动步骤	劳动要点	劳动操作经验与心得
第1步，设备检查	（1）查看设备清单或记录表，了解设备的使用情况、运行状态等； （2）对每台设备进行逐一检查，包括外观、电源、显示器、键盘、鼠标等，确保设备正常运转； （3）如发现异常情况，及时记录并报告相关人员	
第2步，环境清洁及整理	（1）使用抹布擦拭桌子、电脑主机、显示器、键盘、键盘托、鼠标、黑板、窗台、墙上宣传板等，确保其表面干净无尘； （2）使用拖把清理地面，保持地面干净整洁，无污渍和杂物； （3）将椅子摆放整齐，确保实训室整体环境整洁有序	
第3步，设备维护	（1）按照设备的使用说明书或相关指导，对设备进行保养和维护； （2）清理设备内部的灰尘和杂物，确保设备通风良好； （3）检查设备的电源、电线和插头，确保线路安全可靠； （4）更换耗材，如墨盒、纸张等，保证设备正常运转	
第4步，临时性工作	如遇实训室有比赛项目开展，可参与赛场布置、安装赛项设备、协调赛事、充当引导人员等	
第5步，记录与报告	（1）记录在维护与管理过程中发现的问题和情况，包括设备故障、环境卫生、安全隐患等方面； （2）及时向上级报告情况，以便及时处理和改进； （3）记录维护过程和结果，形成维护报告或日志，以便后续查阅和参考	

三、劳动注意事项

（1）在维护与管理过程中注意安全，避免操作不当导致设备损坏或人员受伤。

（2）遵守学校和实训室的相关规定，如设备使用规定、安全操作规程等，确保活动的规范性。

（3）在清洁和维护过程中，注意保持卫生，避免对设备造成污染或损坏。

（4）在维护设备时，要小心谨慎，避免对设备造成损坏。

（5）及时记录维护与管理过程中发现的问题和情况，并向老师报告，以便及时处理和改进。

四、成果交流

（1）和同学们交流分享以下内容，并将自己的相关情况记录下来。

① 我在实训室维护与管理活动中主要参加的活动内容是_____。
② 这种劳动实践的特点是_____。
③ 我在实训室维护与管理活动中的最大收获是_____。
④ 我在实训室维护与管理活动过程中遭遇的最大困难是_____。

（2）将自己参加劳动实践的照片以及成果的照片粘贴在下面的框内。

粘贴处

劳动评价

分别进行自我评价、同学评价和老师评价，填写表 5-8。

表 5-8 劳动评价表

评价维度	评价标准	评价角度		
		自我评价 （1—10分）	同学评价 （1—10分）	老师评价 （1—10分）
劳动态度	按时参与劳动实践，遵守劳动规定和流程			
	认真预习，课前准备充分			
	在劳动过程中积极参与、主动探索			
劳动能力	能够按时完成劳动任务			
	解决问题能力			
	团队协作能力			
	创新能力			
劳动成效	任务完成进度			
	任务完成质量			
总体评价	总体表现及潜力			
总　分				

课后任务

请参加一次实训室维护与管理活动,并在表 5-9 中记录劳动情况。

表 5-9 劳动情况记录表

劳动时间		劳动地点	
劳动服务对象		劳动实践人	
劳动中的感受	劳动中的快乐		
	劳动中的不足		
	劳动熟练程度		
	劳动的建议		
成果展示	粘贴处		

模块六　走进社区

任务一　开展社区福利院助老志愿服务

大学生走进社区开展的社区福利院助老志愿服务是一种社会实践活动。通过这类活动，大学生可以更好地了解社区老人的生活状况和精神需求，在大学生的帮助下，老人也可以提高生活质量。这种活动可以以陪伴老人聊天、散步、做手工，教授养生保健知识等方式进行。社区福利院助老志愿服务将志愿服务融入基层社会治理，在服务人民群众中展现新时代青年的风采。

名人名言

如果你是一滴水，你是否滋润了一寸土地？如果你是一线阳光，你是否照亮了一分黑暗？如果你是一颗粮食，你是否哺育了有用的生命？如果你是一颗最小的螺丝钉，你是否永远坚守在你生活的岗位上？

——雷锋

劳动目标

- 知识目标：
  了解社会工作、康养等相关知识；掌握一定的生活服务知识；熟悉相关的政策法规、工作程序和标准。
- 能力目标：
  提高组织管理和沟通能力；提高动手能力；提高解决问题能力。
- 素质目标：
  培养社会责任感和奉献精神；培养积极的人生态度和价值观；增强集体主义观念。

劳模小故事

郭怀德：以"医者大爱"暖心呵护孤寡老人

郭怀德是湖北省鄂州市鄂城区西山街道社区卫生服务中心的全科医生。参加工作以来，郭怀德用自己的闲暇时间义务驻守老年公寓20多年，以"医者大爱"暖心呵护着几十位孤寡老人，让老人们在感受温暖的同时，晚年生活也变得不再孤单。工作多年来，郭怀德获得过"优秀红十字志愿者""最美医生""十佳志愿者""岗位学雷锋标兵"等很多荣誉，先后两度入选"中国好人榜"。

作为西山街道社区卫生服务中心的全科医生，郭怀德有很多日常工作要忙，只能用零散的时间或在休息日去老年公寓照顾老人。由于需要照顾的老人太多，郭怀德有些忙不过来。于是，他产生了要带动更多人参与老年公寓志愿服务活动的想法。为此，他依托所在的西山街道社区卫生服务中心组织成立了"红十字志愿服务队"。就这样，西山街道社区卫生服务中心的同事们成了他的第一批志愿服务队员，这支志愿服务小分队从最开始的十几个人逐渐发展到了如今的50多人。

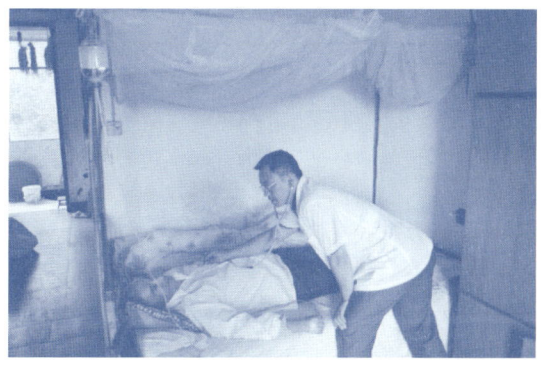

郭怀德给老人看病

 学习感悟

 劳动实践

一、劳动准备

（1）劳动场地：社区福利院、养老院等。
（2）工具与材料：拖把、扫把、抹布等清洁用品，为老人购买的米、油、盐等生活必需品，为老人理发要使用的工具等。
（3）劳动知识准备：在课前了解厨艺、手工、理发、养生保健等知识。
（4）服装准备：志愿者服装或义工服装等。

二、劳动步骤

请根据表6-1中的劳动步骤及劳动要点开展劳动实践，并以简短的语句将劳动过程中的经验与心得记录在表6-1中。

表6-1 劳动过程记录表

劳动步骤	劳动要点	劳动操作经验与心得
第1步，确定志愿服务计划	（1）与社区福利院进行联系，了解其需求和志愿服务计划； （2）确定想参与的项目和活动	

续 表

劳动步骤	劳 动 要 点	劳动操作经验与心得
第2步，报名和登记	（1）联系社区福利院的志愿者协调员或相关负责人，进行报名和登记； （2）领取相关的志愿者手册和培训资料	
第3步，接受相关培训	接受一些基本的培训，了解助老服务的规范和技巧；	
第4步，陪伴老人，与老人沟通	（1）与老人沟通，了解老人的需求和期望，了解老人的身体状况、兴趣爱好、生活习惯等； （2）与老人一起散步、聊天、参加社交活动等	
第5步，与老人一起开展文娱活动	根据老人的兴趣，与老人一起唱歌、跳舞、练书法等	
第6步，对老人进行健康指导	（1）为老人提供健康知识指导； （2）陪同老人进行简单的体能锻炼	
第7步，跟进和反馈	（1）在志愿服务结束后，与社区福利院的负责人及时跟进沟通； （2）分享自己的服务体验和建议，以便改进和提高志愿服务的质量	

三、劳动注意事项

（1）不要大声喧哗。

（2）不要玩手机或自顾自地聊天。

（3）对待老人要热情，要有耐心。

（4）要服从福利院负责人的安排，要做到不怕脏、不怕累。

（5）不要在背后议论老人，看见需要帮助的老人要及时给予帮助。

（6）坚持奉献爱心、不求回报的原则，自愿帮助社会上需要帮助的群体，不要求回报。

（7）与老人沟通时使用良好的沟通技巧。

四、成果交流

（1）和同学们交流分享以下内容，并将自己的相关情况记录下来。

① 我参加的助老志愿服务的内容是_____。

② 助老志愿服务的特点是_____。

③ 我在助老志愿服务过程中感到最快乐的一件事是_____。

④ 我在助老志愿服务过程中遇到的最大的困难是_____。

（2）请将自己助老志愿服务时的照片以及成果的照片粘贴在下面的框内。

粘贴处

劳动评价

分别进行自我评价、同学评价和老师评价，填写表6-2。

表 6-2 劳动评价表

评价维度	评价标准	评价角度		
		自我评价 （1—10分）	同学评价 （1—10分）	老师评价 （1—10分）
劳动态度	按时参与劳动实践，遵守劳动规定和流程			
	认真预习，课前准备充分			
	在劳动过程中积极参与、主动探索			
劳动能力	能够按时完成劳动任务			
	解决问题能力			
	团队协作能力			
	创新能力			
劳动成效	任务完成进度			
	任务完成质量			
总体评价	总体表现及潜力			
总　　分				

课后任务

请根据本次劳动实践经验，协助社区工作人员开展康体活动，引导老人参与并给予帮助，并填写表6-3。

表 6-3 劳动情况记录表

劳动时间		劳动地点	
劳动服务对象		劳动实践人	
劳动中的感受	劳动中的快乐		
	劳动中的不足		
	劳动熟练程度		
	劳动的建议		
成果展示	粘贴处		

任务二　开展社区垃圾分类志愿服务

社区垃圾分类志愿服务是一项以推广垃圾分类理念和推动相关实践为主要目标的社会公益活动。通过招募志愿者参与，引导社区居民了解垃圾分类的重要性，并为其提供分类指导和帮助，能有效推动社区居民建立良好的垃圾分类习惯。社区垃圾分类志愿服务通常由社区组织或志愿者团队发起，活动形式多样，包括垃圾分类宣传、垃圾分类指导、垃圾清理等活动。开展社区垃圾分类志愿服务活动，可以促进社区居民之间的互动和合作，提升社区的凝聚力和文明程度，为建设绿色、和谐的社会做出贡献。

名人名言

伟大的成绩和辛勤劳动是成正比例的，有一分劳动就有一分收获，日积月累，从少到多，奇迹就可以创造出来。

——鲁迅

劳动目标

- 知识目标：

了解垃圾分类相关知识；掌握各类垃圾的分类标准；了解垃圾分类工作的重要性。

- 能力目标：

能够按照垃圾分类要求进行具体分类操作。

- 素质目标：

增强社会责任感和公民意识，自觉践行低碳环保生活理念；养成爱护环境、节约资源的良好习惯，增强生态文明意识。

劳模小故事

时传祥：宁愿一人脏，换来万家净

1915年9月，时传祥出生于山东省齐河县赵官镇大胡庄一个贫苦农民家庭。14岁时，他逃荒到北京城郊，受生活所迫当上了掏粪工，一干就是20年，受尽了压迫与欺凌。中华人民共和国成立后，人民当家作主，时传祥扬眉吐气、重获新生。他把掏粪当成一项十分光荣的劳动，以身作则，任劳任怨。1952年，他加入北京市崇文区（今东城区）清洁队，继续从事城市清洁工作。

时传祥

1959年10月，时传祥作为全国先进生产者代表参加了在北京召开的全国"群英会"。时任国家主席刘少奇握着他的手，亲切地说："你掏大粪是人民勤务员，我当主席也是人民勤务员，这只是革命分工不同。"时传祥听后非常激动，表示要永远听党的话，当一辈子掏粪工。时传祥是载誉全国的劳动模范，更是全心全意为人民服务的优秀典范，他以"宁愿一人脏，换来万家净"的价值追求和精神境界赢得了社会各界的尊重，也向人们生动诠释了"劳动最光荣"的深刻意涵。

 学习感悟

_____
_____
_____
_____

 劳动实践

一、劳动准备

（1）劳动场地：街道、社区等。

（2）工具与材料：垃圾分类宣传单、宣传海报、标识牌等辅助宣传工具，扫帚、垃圾袋等清洁劳作工具，手套、口罩等防护用品。

（3）劳动知识准备：学习各类垃圾的分类标准与处理方式，掌握科学的垃圾分类知识。

（4）服装准备：志愿者服装。

二、劳动步骤

请根据表6-4中的劳动步骤及劳动要点开展劳动实践，并以简短的语句将劳动过程中的经验与心得记录在表6-4中。

表6-4　劳动过程记录表

劳动步骤	劳动要点	劳动操作经验与心得
第1步，志愿者招募和培训	（1）确定需要招募的志愿者人数和志愿者的具体职责； （2）对申请加入的志愿者进行筛选； （3）志愿者参加垃圾分类、标准和具体操作方法等的培训	
第2步，垃圾分类宣传和教育	（1）参与宣传活动：在社区工作人员指引下，在社区内张贴宣传海报，向居民发放宣传单页，在社区内举办宣讲活动等； （2）在宣传活动中，指导居民正确进行垃圾分类，讲解分类标准、分类方法等，并进行必要的分类示范； （3）在宣传活动结束后，及时跟踪宣传效果，了解居民的反馈意见，针对问题进行改进，提高服务质量	
第3步，进行垃圾分类志愿服务	（1）在社区道路与公共区域，组织志愿者进行垃圾清理，引导居民关注生活垃圾处理，减少直接丢弃的行为； （2）展示常见的可回收垃圾、有害垃圾、湿垃圾和干垃圾，增强居民对不同垃圾分类的认知，使其树立垃圾分类意识； （3）在清理活动现场设置分类垃圾桶，并放置宣传资料，让居民了解正确的垃圾分类方式，在活动中学习； （4）邀请热心居民与社区工作人员参加活动，鼓励广大居民一同参与，营造共同参与的良好氛围	
第4步，活动结束后的清场及总结工作	（1）清理场地； （2）清点及整理物料； （3）将工具以及可回收垃圾打包带回； （4）整理活动现场拍摄照片； （5）参与活动的志愿者进行活动心得分享，提出改进建议	

志愿者进行垃圾分类

三、劳动注意事项

（1）提前了解垃圾分类的相关知识，以便更好地指导居民进行垃圾分类。
（2）注意安全，佩戴好防护用品，避免接触有毒有害物品。
（3）保持耐心和细心，尊重居民的意愿和习惯，不要强行发表自己的意见。
（4）注意卫生，保持现场的清洁卫生。与居民建立良好的沟通和合作关系，增强居民对垃圾分类的认识和信心。

四、成果交流

（1）和同学们交流分享以下内容，并将自己的相关情况记录下来。
① 我参加的垃圾分类志愿服务的内容是_____。
② 此次志愿服务的特点是_____。
③ 我在此次志愿服务过程中感到最快乐的一件事是_____。
④ 我在此次志愿服务过程中遇到的最大的困难是_____。

（2）请将自己志愿服务的照片以及成果的照片粘贴在下面的框内。

粘贴处

劳动评价

分别进行自我评价、同学评价和老师评价，填写表6-5。

表 6-5　劳动评价表

评价维度	评价标准	评价角度		
		自我评价（1—10分）	同学评价（1—10分）	老师评价（1—10分）
劳动态度	按时参与劳动实践，遵守劳动规定和流程			
	认真预习，课前准备充分			
	在劳动过程中积极参与、主动探索			
劳动能力	能够按时完成劳动任务			
	解决问题能力			
	团队协作能力			
	创新能力			

续 表

评价维度	评价标准	评价角度		
		自我评价 （1—10分）	同学评价 （1—10分）	老师评价 （1—10分）
劳动成效	任务完成情况			
	任务完成进度			
总体评价	总体表现及潜力			
总　　分				

课后任务

请根据本次劳动实践经验，参加一次社区垃圾分类的志愿服务，并在表6-6中记录劳动情况。

表6-6　劳动情况记录表

劳动时间		劳动地点	
劳动服务对象		劳动实践人	
劳动中的感受	劳动中的快乐		
	劳动中的不足		
	劳动熟练程度		
	劳动的建议		
成果展示		粘贴处	

任务三　参与社会大型公益志愿服务
——以中国国际航空航天博览会志愿服务为例

中国国际航空航天博览会（以下简称珠海航展）志愿服务活动是由中国共产主义青年团珠海市委员会（以下简称珠海市团委）组织的志愿服务活动，旨在为参展商和游客提供热情周到、细致温馨的服务。珠海航展志愿者包含城市志愿者和展区志愿者。在航展志愿服务开始前，珠海市团委特别组织开展了大型赛会志愿者通识培训，为航展志愿者提供了大型赛会志愿服务基础知识、志愿服务礼仪、赛会应急救援等系列专题培训课程。在航展期间，城市志愿者分布在全市"蓝天小屋"城市志愿服务站及航展临时城市志愿者服务站，向广大市民及各方来客提供航展宣传、航展信息查询、交通指引、语言翻译、应急救援等志愿服务。

任务三　参与社会大型公益志愿服务——以中国国际航空航天博览会志愿服务为例

名人名言

任何一项劳动都是崇高的，崇高的事业只有劳动。

——卡莱尔

劳动目标

- 知识目标：

  了解珠海航展的背景和目标；熟悉志愿服务流程和职责；掌握珠海航展的安全规定和应急处理程序。

- 能力目标：

  培养良好的沟通和协调能力；培养较强的应急处理能力；增强服务能力，提升服务水平。

- 素质目标：

  增强服务社会的意识，强化社会责任感；增强集体主义意识，在服务过程中学会合作与奉献；树立正确的世界观、人生观和价值观，培育正确劳动观。

劳模小故事

陆玫：最美志愿者

陆玫是山西天龙救援队的创始人和队长。2010年6月，她和一批热心社会公益事业的户外运动爱好者发起组成了从事应急救援的民间救援队——山西天龙救援队，累计参加志愿服务18 250小时。目前，救援队在大同、阳泉、长治、晋城、忻州、临汾、吕梁、运城等市县共有注册队员1 345名，志愿者1 380名。救援网络覆盖山西全省境内11个市，服务范围涵盖山地、水域、医疗急救、自然灾害等多领域。截至2020年5月底，他们共出队127次，出队7 925人次，出动车辆2 475台（辆），救援时长达11 920.8小时，救援千米数达57 933多千米，救助遇险群众503人。

十多年来，山西天龙救援队先后参加了2013年4月四川省雅安市地震救援、2014年8月云南省鲁甸县地震救援、2015年4月西藏自治区地震救援、2016年7月河北省水灾救援、2019年3月山西省临汾市乡宁县山体滑坡救援等。山西天龙救援队始终奋战在一线，始终把为人民服务作为其宗旨，不求回报，甘于奉献。

学习感悟

模块六　走进社区

 劳动实践

一、劳动准备

（1）劳动场地：航空展览中心、机场及"蓝天小屋"城市志愿服务站。
（2）工具与材料：必要的随身物品，如水杯、雨具、防晒用品等。
（3）劳动知识准备：了解珠海航展的背景和目标，了解志愿服务的内容、流程和职责，了解相关的安全规定和应急处理程序。
（4）服装准备：珠海航展要求的统一服装。

二、劳动步骤

请根据表6-7中的劳动步骤及劳动要点开展劳动实践，并以简短的语句将劳动过程中的经验与心得记录在表6-7中。

表6-7　劳动过程记录表

劳动步骤	劳动要点	劳动操作经验与心得
第1步，准备活动	（1）志愿者穿着由主办方发放的统一服装，准时到达工作地点； （2）领取服务所需的工作证件、标识牌等必要物品	
第2步，观众引导服务	（1）引导观众进场，确保观众顺利入场； （2）检查观众的相关准入凭证； （3）协助解答观众的疑问，提供相关的信息和指引； （4）维护航展现场的秩序和安全	
第3步，其他服务支持	（1）参与其他的展会相关服务； （2）进行交通出行指引、城市旅游宣传推广等； （3）协助主办方进行场地维护、展品整理等	
第4步，安全维护	（1）监控人流，及时发现和处理可能出现的安全问题，如人员拥挤、突发事件等； （2）配合相关部门和工作人员，确保观众及自身的安全	
第5步，归还物品	航展结束后，归还标识牌等必要物品	
第6步，参加总结表彰活动	参与志愿者评选和表彰活动，领取相应的奖品和证书	

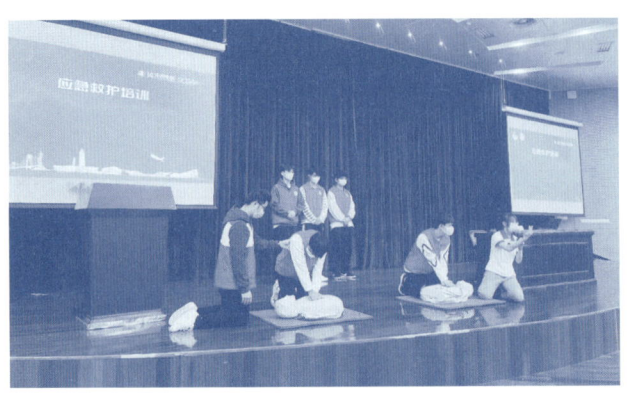

志愿者应急救护培训

任务三　参与社会大型公益志愿服务——以中国国际航空航天博览会志愿服务为例

三、劳动注意事项

（1）严格遵守规章制度和志愿者行为准则。听从工作人员的安排和指导，确保工作顺利进行，不擅自离岗观展。

（2）时刻保持安全意识，注意周围环境和人员的安全。

（3）以积极、友善和热情的态度对待参展单位人员和观众。

（4）尊重参展单位人员和观众的隐私权，不私自拍摄或传播未经许可的照片、视频等。

四、成果交流

（1）和同学们交流分享以下内容，并将自己的相关情况记录下来。

① 我参加的航展志愿服务的内容是＿＿＿＿＿＿＿＿＿＿＿＿＿＿＿＿＿＿＿＿。

② 航展志愿服务内容的特点是＿＿＿＿＿＿＿＿＿＿＿＿＿＿＿＿＿＿＿＿＿。

③ 我在航展志愿服务过程中感到最快乐的一件事是＿＿＿＿＿＿＿＿＿＿＿＿。

④ 我在航展志愿服务过程中遇到的最大的困难是＿＿＿＿＿＿＿＿＿＿＿＿＿。

（2）请将自己参加航展志愿服务的照片以及成果的照片粘贴在下面的框内。

粘贴处

劳动评价

分别进行自我评价、同学评价和老师评价，填写表 6-8。

表 6-8　劳动评价表

评价维度	评价标准	评价角度		
		自我评价 （1—10分）	同学评价 （1—10分）	老师评价 （1—10分）
劳动态度	按时参与劳动实践，遵守劳动规定和流程			
	认真预习，课前准备充分			
	在劳动过程中积极参与、主动探索			
劳动能力	能够按时完成劳动任务			
	解决问题能力			
	团队协作能力			
	创新能力			

续 表

评价维度	评价标准	评价角度		
		自我评价 （1—10分）	同学评价 （1—10分）	老师评价 （1—10分）
劳动成效	任务完成进度			
	任务完成质量			
总体评价	总体表现及潜力			
	总分			

课后任务

请报名参加一次社会大型公益志愿服务活动，活动结束后，请在表6-9中记录情况。

表 6-9　劳动情况记录表

劳动时间			劳动地点	
劳动服务对象			劳动实践人	
劳动中的感受		劳动中的快乐		
		劳动中的不足		
		劳动熟练程度		
		劳动的建议		
成果展示		粘贴处		

模块七　走进企业

任务一　开展企业顶岗实习

顶岗实习是职业院校学生基于职业岗位，真实地参与工作过程的实践。大学生参加顶岗实习能够提升学习兴趣，提高综合职业能力，从而顺利地实现就业。

> **名人名言**
>
> 大抵学问只有两途，致知力行而已。
>
> ——朱熹

活动视频 7-1：
开展企业
顶岗实习

劳动目标

- 知识目标：
  了解顶岗实习的意义和目的；加深对职业岗位工作的认知。
- 能力目标：
  熟悉专业岗位的操作流程，提高实践能力；具备自我学习、知识技能更新、适应岗位变化的能力。
- 素质目标：
  培养良好的职业道德和责任意识；养成良好的团队合作精神。

 实习小故事

我的实习故事

古人云："读万卷书，不如行万里路。"实习是每个学生都必须拥有的一段经历，它使我们在实践中了解社会，让我们学到了很多在课堂上学不到的知识，也开阔了视野，增长了见识，为我们以后走向社会打下了坚实的基础。大三下学期，我非常荣幸地在珠海市一家会计师事务所进行了为期三个月的实习。我的工作岗位是审计助理，岗位职责包括收集和整理审计证据、建立审计项目和导入财务数据、编写审计工作底稿、打印和查找审计证据、协助领导整理和出具审计报告等。

历经了三个月的实习，除了收获知识，我还第一次感受到了踏入社会前的迷茫、困惑和处理工作时的困难。我们仿佛能够通过一次历练而变得成熟起来，也许这就是实习的好处所在——为即将迈出校园的我们提供一次适应社会、经历磨练的机会。以下是我在实习期间的体会。

1. 学会"苦中作乐"

作为审计实习生，我的工作其实就是校对、找凭证、做底稿、整理资料、处理函件等，每天重复着这些烦琐的工作，时间长了必然会心生厌倦。然而工作烦琐也不能马虎，要知道，一个小小的错误不仅会给自己带来麻烦，更会给公司带来巨大的损失。因此，我必须学会在重复的工作中寻找一个"快乐"的入口，养成"熟能生巧"这样正面的、积极的心态，学会"苦中作乐"。

2. 养成"终身学习"理念

在工作中要有良好的学习能力，遇到问题时才能通过相关途径自行解决。在工作中我们会遇到各种各样的问题，并不是每一种情况我们都有把握，都能用已知的知识解决问题。在这个时候，要想把工作做好，一定要有良好的学习能力，通过不断学习掌握相应的技术，来解决工作中遇到的每一个问题。这样的学习能力一方面来自向前辈的学习、向工作经验丰富的人学习；另一方面就是通过自学培养，在没有别人帮助的情况下也能通过努力，自己寻找相关途径来解决问题。

3. 学会为人处世，永远保持热情

大学是一个小社会，但当真正步入社会后我们会发现，大学简直是"世外桃源"。由于性质不同，职场和校园的环境截然不同。作为实习生，不仅要做好自己的本职工作，更应当向前辈多学习、与前辈多交流，让他们感受到我们的工作热情和谦逊态度，我们也才能够从中汲取更多的经验。任何企业需要的都是充满热情、自信又善于交流的员工，而不是总把自己孤立于人群之外的人。保持热情是职场中的保鲜剂。在工作中能力固然重要，但有时候如果没有同事的合作和包容，就可能什么事都做不成。在与同事相处的过程中，我体会到职场中的关系并不像影视剧中那样充满明争暗斗，必须处事圆滑才能够在职场中生存。相反，最关键的是要真诚待人，放大别人的优点，缩小别人的缺点，多站在别人的立场上思考问题。

这次实习也使我深深体会到我们必须在工作中勤于动手、善于思考，不断学习、不断积累。遇到不懂的问题，自己先想方设法解决，解决不了时虚心请教他人，而没有自学能力的人迟早要被社会淘汰。实习对我的成长有着很大的帮助，作为马上要走出大学校园的大学生，我们更多需要的不是书本上的知识，而是社会上的磨炼。

学习感悟

任务一　开展企业顶岗实习

劳动实践

一、劳动准备

（1）劳动场地：实习单位。
（2）工具与材料：个人实习简历以及与实习岗位工作相关的工具、材料。
（3）劳动知识准备：了解实习单位的概况、组织架构、工作流程等。
（4）服装准备：实习单位要求的统一工作服。

二、劳动步骤

请根据本校实习要求开展实习前准备工作，并以简短的语句将经验与心得记录在表 7-1 中。

表 7-1　劳动过程记录表

实习准备步骤	实习准备要点	经验与心得
第 1 步，接受顶岗实习教育及动员	了解顶岗实习的目的和意义，明确在实习阶段自身的权益，对于从事的岗位具备足够的了解	
第 2 步，顶岗实习分组	（1）完成实习分组； （2）教师指定或学生自选实习小组组长； （3）实习小组组长创建实习小组微信群	
第 3 步，分派实习指导教师	（1）与实习指导教师见面； （2）实习指导教师带领学生学习《顶岗实习管理手册》； （3）实习指导教师明确实习期间的管理要求； （4）实习指导教师带领学生明确实习流程	
第 4 步，熟悉实习平台，提交实习资料	（1）熟悉学校顶岗实习系统，了解登录方法和界面； （2）签订实习协议、家长知情同意书和安全协议； （3）提交实习鉴定表	
第 5 步，记录实习情况	（1）明确记录实习周记的目的； （2）了解实习周记的格式要求； （3）撰写实习周记	
第 6 步，撰写实习报告	（1）了解实习报告撰写的目的； （2）了解实习报告的格式、要求； （3）撰写实习报告	

三、劳动注意事项

（1）实习期间严格遵守实习单位的规章制度，杜绝可能危及安全事件的发生。
（2）按时参加实习，不迟到，不早退。
（3）按时完成实习周记，定期与实习指导教师沟通。

四、成果交流

（1）和同学们交流分享以下内容，并将自己的相关情况记录下来。
① 我理想的实习岗位是_____。
② 实习岗位对我的技能要求是_____。
③ 我在实习中需要完成的目标是_____。
④ 我在实习前准备过程中遇到的困难是_____。
（2）请将实习阶段拍摄的有意义的照片粘贴在下面的框内。

粘贴处

劳动评价

分别进行自我评价、同学评价和老师评价，填写表 7-2。

表 7-2 劳动评价表

评价维度	评价标准	评价角度		
		自我评价 （1—10分）	同学评价 （1—10分）	老师评价 （1—10分）
劳动态度	按时参与劳动实践，遵守劳动规定和流程			
	认真预习，课前准备充分			
	在劳动过程中积极参与、主动探索			
劳动能力	能够按时完成劳动任务			
	解决问题能力			
	团队协作能力			
	创新能力			
劳动成效	任务完成进度			
	任务完成质量			
总体评价	总体表现及潜力			
总　　分				

课后任务

请根据本次实习准备活动，结合自身实习准备的情况，填写表 7-3。

表 7-3 劳动情况记录表

劳动时间		劳动地点	
劳动内容		劳动实践人	
劳动中的感受	劳动中的快乐		
	劳动中的不足		
	劳动熟练程度		
	劳动的建议		
成果展示	粘贴处		

任务二　开展创新创业实践

将创新创业教育融入高职院校人才培养工作，适应了建设创新型国家战略的需要，为提升大学生的就业竞争力提供了难得的契机，为增强大学生的创新创业能力提供了便捷的途径，既可以缓解大学生就业难的问题，又可以拓宽大学生的就业渠道，具有鲜明的时代特征和巨大的现实意义。

敏于观察，勤于思考，善于综合，勇于创新。

——宋叔和

劳动目标

- 知识目标：
  了解社会对创新型人才的素质要求，了解创业的概念、要素与特征。
- 能力目标：
  能够甄别与分析创业机会，锻炼组织协调能力、语言表达能力、思维创新能力与领导力等各项能力，具备必要的创业能力。
- 素质目标：
  树立创新意识和创业精神，树立科学的创新创业观，提高社会责任感。

创业小故事

聂云宸的创业经历

聂云宸年纪轻轻,身价已达40亿元。1991年,他出生在江西的一个普通家庭。高中时创业,19岁就开了一家手机店。在店铺不景气时,他勇敢转型,用开手机店赚到的20万资金开了茶饮"皇茶",后来又创立了俘获无数消费者的奶茶品牌"喜茶"。这一次次成功的背后是一颗敢于"折腾"的心。在新闻专访里,有人问道:"你平常是如何提高自己的审美能力、经营管理能力的呢?"他说:"我平常会收集大量的信息,但不仅仅局限于读书。我还会看一些别人认为无用但我觉得有用的信息。在我眼里,信息没有优劣之分,很多信息都是互通的、可以相融的。而且,当你认真做一件事,你就会越来越有心得。"

成功的创业是从创新开始的。那个时候,奶茶还是用粉末冲兑的。喝过粉末奶茶的聂云宸开始思考:用粉末做的奶茶口味一般,还不健康,为什么人们还愿意为产品买单呢?如果有一款营养又健康的奶茶,是不是会有更多人喜欢?于是他开始认真研究,萌发出了用真正的果肉代替粉末的想法。

事实证明,消费者更愿意为健康且有创新性的好产品买单,聂云宸的品牌火了。2016年,他开了50家店。2017年,在上海人民广场,他的品牌创下了买杯奶茶要排队数小时的壮观场面。好的、新颖的产品,既是创始人的期望,又是消费者的追求。而拥有非凡创新意识的人,加上勇于实践的执行力,往往都能站在时代潮头。

能成大事的人,都是从"死磕"细节做起的。聂云宸在工作中一丝不苟,设计店铺装修风格,设计商标,管理团队员工,很多事他都是亲力亲为。在产品上,聂云宸对原料更是精心配置。为了保证茶叶质量,喜茶专门在贵州省建了个自有茶园;每年研发100多款产品,最终推出的不到10款;3年中修改秘方40多次;为了做"多肉葡萄",雇人为葡萄剥皮去籽;国内缺桃子,那就从国外进口……当采访者向他提问:"创业这么久了,你对自己的定位仍然是创业者,还是变成了管理者?"聂云宸说:"我始终认为自己是创始人,这很关键,我要做好创始人该做的事情。"

正是因为"死磕"细节、有责任感,他才能把细节做好,把品牌做大。

学习感悟

劳动实践

一、劳动准备

（1）劳动场地：商务谈判教室。
（2）工具与材料：投影仪、白板、白纸。
（3）劳动知识准备：学习创新创业课程，对创新创业有基本的认识。
（4）服装准备：日常服装。

二、劳动步骤

请开展创新创业活动，并以简短的语句将过程中的经验与心得记录在表7-4中。

表7-4 劳动过程记录表

活动步骤	活动要点	操作经验与心得
第1步，拟定创新创业项目名称	根据拟定项目的具体情况，选择适当的名称，要求易记顺口，能体现项目的特色和内涵	
第2步，明确项目提供的产品或服务	（1）明确产品或服务的背景、目前所处的发展阶段，与同行业、同类产品或服务进行比较； （2）强调产品或服务的新颖性、创新性和独特性，明确产品的竞争优势； （3）明确产品或服务的定位和更新周期	
第3步，进行市场分析	（1）明确产品或服务的细分市场、目标顾客群； （2）明确产品或服务对于消费者的吸引力所在； （3）分析产品或服务的价格、性能、质量在竞争市场中所具备的优势、劣势； （4）分析产品或服务的市场销售有无行业管制，产品或服务进入市场的难度	
第4步，确定营销策略	（1）描述产品销售成本构成以及销售价格制定依据； （2）依据顾客群特点、地理优势、季节变化制定营销策略； （3）确定广告、促销方面的策略，产品销售价格方面的策略	
第5步，组织管理	描述项目的组织结构，介绍项目各部门的设置及职能情况	
第6步，进行财务分析	（1）产品或服务形成规模后，计算毛利润率和净利润率； （2）提供未来2年的资产负债表、损益表和现金流量表； （3）每项财务数据都要有依据，要进行财务数据说明	
第7步，进行风险分析	（1）对创业过程中可能出现的风险因素进行分析； （2）明确如何识别、规避和化解风险	

模块七　走进企业

三、劳动注意事项

（1）选取创新创业项目时要注重时代性和时效性。
（2）团队合作时注意参与度，强调合作意识。

四、成果交流

（1）请交流分享以下内容，并将自己的相关情况记录下来。
① 我在创新创业项目分析里承担的内容是_____。
② 创新创业项目分析的难点是_____。
③ 我在此次劳动实践中的最大收获是_____。
④ 我在劳动实践过程中最大的困难是_____。
（2）将自己在创新创业项目分析过程中的照片以及成果的照片粘贴在下面的框内。

粘贴处

劳动评价

分别进行自我评价、同学评价和老师评价，填写表 7-5。

表 7-5　劳动评价表

评价维度	评价标准	评价角度		
		自我评价 （1—10分）	同学评价 （1—10分）	老师评价 （1—10分）
劳动态度	按时参与劳动实践，遵守劳动规定和流程			
	认真预习，课前准备充分			
	在劳动过程中积极参与、主动探索			
劳动能力	能够按时完成劳动任务			
	解决问题能力			
	团队协作能力			
	创新能力			
劳动成效	任务完成进度			
	任务完成质量			
总体评价	总体表现及潜力			
总　　分				

 课后任务

请结合本次实践活动,将相关情况记录在表 7-6 中。

表 7-6 劳动情况记录表

劳动时间		劳动地点	
劳动服务对象		劳动实践人	
劳动中的感受	劳动中的快乐		
	劳动中的不足		
	劳动熟练程度		
	劳动的建议		
成果展示	粘贴处		

任务三 开展专业技能竞赛实践

全国职业院校技能大赛是由教育部发起并牵头,联合国务院有关部门以及有关行业组织、人民团体、学术团体和地方政府共同举办的一项公益性、全国性职业院校学生综合技能竞赛。其旨在充分展示职业教育改革发展的丰硕成果,集中展现职业院校师生的风采,努力营造全社会关心、支持职业教育发展的良好氛围,促进职业院校与行业企业的产教结合,更好地为我国的经济建设和社会发展服务。

名人名言

在人类生命的竞技场,荣誉与奖赏眷顾善于行动的人。

——亚里士多德

劳动目标

- 知识目标:
  了解全国职业院校技能大赛的相关信息。
- 能力目标:
  提高适岗综合能力,提升劳动实践能力。
- 素质目标:
  培养良好的职业心态和职业素养,强化团队精神。

劳模小故事

"金牌教练"项万明：用心培养技术人才

项万明出生在农村，大学毕业后进入一家国企工作，由于不怕苦又爱钻研，很快成了独当一面的技术能手。2004年，在杭州技师学院校领导的游说下，已经在企业干得风生水起的项万明选择了弃"工"从"教"。

项万明在指导学生

项万明不断更新自己的知识储备和技能。2011年，他参加全国机械职业院校（教师）数控机床装调与维修技能大赛，获得一等奖。2022年，他参加第二届全国建材机械工业职业技能竞赛，摘得装配钳工（工业机器人系统装调项目）冠军。2023年，他又获得第二届职业技能大赛集成电路工程技术项目银牌。从2011年开始，他先后指导过数控机床装调与维修、工业机器人技术应用、智能制造、集成电路等竞赛项目。除了技术指导，他还反复为学生做思想工作，在他们退缩时苦口婆心地讲道理。任教20多年来，他指导的选手参加市级及以上技能竞赛获奖达200余人次，其中有5人获国家级一类大赛金奖，8人获评全国技术能手，5人获评全国青年岗位能手，1人获得全国"五一"劳动奖章。

学习感悟

_____

_____

_____

_____

劳动实践

一、劳动准备

（1）劳动场地：竞赛实训室或专门的备赛场地。

（2）工具与材料：结合参赛项目准备相关的工具与材料。
（3）劳动知识准备：明确竞赛目的，熟悉全国职业院校技能大赛的竞赛规程和规则；熟悉竞赛管理系统和业务平台，熟知设备技术参数和软件版本号。
（4）服装准备：适宜的工作服。

二、劳动步骤

请根据备赛步骤及备赛要点开展备赛活动，并以简短的语句将备赛过程中的经验与心得记录在表7-7中。

表7-7 劳动过程记录表

备赛步骤	备 赛 要 点	备赛操作经验与心得
第1步，了解竞赛要求	指导教师讲解竞赛规则、竞赛内容和竞赛流程，参赛选手学习竞赛规则、内容和要求，提高对竞赛的整体了解度	
第2步，根据竞赛规程，进行竞赛资料收集	（1）利用竞赛模拟平台熟悉竞赛模块； （2）获取竞赛样题； （3）从竞赛主办方或竞赛模拟平台开发企业处获取资料	
第3步，研讨竞赛内容	有针对性地研讨竞赛内容，梳理比赛的重点和难点，针对重点内容制定学习策略，针对难点形成解决方案	
第4步，比赛经验交流	借鉴往届参赛选手的比赛经验或者与兄弟院校进行赛前交流，特别针对为重难点制定的学习策略和解决方案进行咨询，以确定是否需要调整	
第5步，制订备赛计划	参照往届参赛选手备赛计划，制订本次备赛计划。计划要包括日常训练计划、专题学习计划、集体研讨以及后勤保障等内容；备赛计划可以根据具体情况进行动态调整	
第6步，备赛推进	（1）每天严格执行备赛计划，主动记录日常训练情况，遇到重难点以及难以解决的问题及时与指导教师沟通； （2）根据竞赛项目内容分解出考核的知识点和技能点，制订每日的训练计划，筛选出不熟悉的理论知识和实操内容开展专项训练，做到作业过程标准化、精细化； （3）根据典型的综合训练任务，按照竞赛的评分标准，规范、完整地完成一个综合训练任务，帮助尽快熟悉竞赛的考核项目，通过强化训练达到熟能生巧的目标； （4）以模拟赛、对抗赛的方式，按照竞赛章程、竞赛时间、场地布置、工艺要求等一比一地模拟竞赛的氛围和场景，强化竞赛意识，积累实战经验，更好地适应竞赛环境，尽早进入正式比赛的角色，锻炼心理素质	
第7步，关注团队合作	密切记录自己备赛时的心理变化，适时开展相关的心理素质训练，遇到问题时及时解决	

模块七　走进企业

三、劳动注意事项

（1）做好竞赛资料备份工作。将备赛过程中使用的资料（如训练文件、课件、题库等）按技能水平阶段分类管理，并对其进行整理和归纳，建立一个系统化、标准化、具有针对性的资源库。

（2）总结竞赛中出现的各种突发问题的解决方案。

（3）备赛过程是一个漫长而辛苦的过程，为了保证良好的备赛状态，参赛选手要合理休息，保证身体健康、心态良好。

四、成果交流

（1）和同学们交流分享以下内容，并将自己的相关情况记录下来。

① 我参加的比赛项目是＿＿＿＿＿＿＿＿＿＿＿＿＿＿＿＿＿＿＿＿＿＿＿＿＿。

② 我在备赛中获得的经验是＿＿＿＿＿＿＿＿＿＿＿＿＿＿＿＿＿＿＿＿＿＿＿。

③ 我在备赛中感到最快乐的是＿＿＿＿＿＿＿＿＿＿＿＿＿＿＿＿＿＿＿＿＿＿。

④ 我在备赛中遇到的最大困难是＿＿＿＿＿＿＿＿＿＿＿＿＿＿＿＿＿＿＿＿＿。

（2）请将自己备赛时的照片粘贴在下面的框内。

粘贴处

劳动评价

分别进行自我评价、同学评价和老师评价，填写表 7-8。

表 7-8　劳动评价表

评价维度	评价标准	评价角度		
		自我评价 （1—10 分）	同学评价 （1—10 分）	老师评价 （1—10 分）
劳动态度	按时参与劳动实践，遵守劳动规定和流程			
	认真预习，课前准备充分			
	在劳动过程中积极参与、主动探索			

续 表

评价维度	评价标准	评价角度		
		自我评价 （1—10分）	同学评价 （1—10分）	老师评价 （1—10分）
劳动能力	能够按时完成劳动任务			
	解决问题能力			
	团队协作能力			
	创新能力			
劳动成效	任务完成进度			
	任务完成质量			
总体评价	总体表现及潜力			
总 分				

课后任务

请根据本次备赛实践，选择一项自己感兴趣的赛事，在表 7-9 中记录备赛情况。

表 7-9 劳动情况记录表

劳动时间			劳动地点	
劳动内容			劳动实践人	
劳动中的感受		劳动中的快乐		
		劳动中的不足		
		劳动熟练程度		
		劳动的建议		
成果展示		粘贴处		

模块八　走进乡村

任务一　开展乡村振兴耕作帮扶实践

活动视频8-1：
开展乡村
振兴耕作
帮扶实践

2021 年，《关于全面推进乡村振兴加快农业农村现代化的意见》正式提出了"开展耕读教育"的要求。2022 年，《关于做好 2022 年全面推进乡村振兴重点工作的意见》进一步提出"完善耕读教育体系"。《关于加快推进乡村人才振兴的意见》中更是明确了要"全面加强涉农高校耕读教育，将耕读教育相关课程作为涉农专业学生必修课"。在农耕社会，我国古人追求既耕且读的生存境界，在农耕劳动之余，挑灯夜读以修身养性，进而形成了中华民族独特的耕读文化。

"耕"通过劳动创造物质，"读"通过阅读滋养精神，正是这种物质与精神的自足，让生命境界自主、自在、自觉地提升成为可能。到乡村开展以自然生态、现代农耕、现代乡村经济等为主题的新时代劳动教育，以劳动教育的一池春水激活乡村教育的育人功能。这既是育人的培根铸魂之举，又是新时代乡村教育振兴和以教育振兴乡村的有效路径。

 **名人名言**

春种一粒粟，秋收万颗子。

——李绅

劳动目标

- 知识目标：
  了解乡村发展的重要性和当前乡村振兴战略的意义；了解农村社区组织和农民合作社的作用及其在乡村振兴中的角色；熟悉相关政策、法规。
- 能力目标：
  掌握耕作技术，包括种植技术、养殖技术以及农业机械操作方式等；能够有效地组织协调各种资源开展耕作帮扶实践活动；能够分析农业生产中存在的问题，并提出有效的解决方案；能够与农民进行有效的沟通，提出满足农民需求的帮扶方案。
- 素质目标：
  激发强烈的责任心和使命感，积极为乡村的发展做出贡献；提升创新思维和学习能力，在开展耕作帮扶实践过程中寻找新的解决方案；强化团队精神，带领农民共同参与乡村振兴实践。

劳模小故事

杨宁：青春在苗寨飞扬

"我的家乡大苗山是个山清水秀、民风淳朴的地方，江门村就在这大苗山深处。"广西壮族自治区融水苗族自治县安陲乡江门村党总支书记、村委会主任杨宁是一名从苗乡走出来，又走回苗乡的大学生村官。

2010年，杨宁大学毕业后，放弃了城里的工作机会，选择回到家乡。融水苗族自治县曾是国家级贫困县，青壮劳动力大多选择外出务工，留在山里的基本上是老弱妇孺。杨宁的家位于大苗山元宝山腹地，与融水县城不过60千米的路，然而因峰陡路险、信息闭塞，江门村成为贫困县中的贫困村。2010年，全村人均年收入只有1 000多元。杨宁曾动情地

杨宁在与村民交谈

回忆童年："我的家乡山清水秀、民风淳朴，我深爱着我的家乡。我是一名留守儿童，奶奶把我拉扯大。我在12岁时就离开乡村外出求学。"对于她来说，回馈家乡，是她从小的梦想。

杨宁回到家乡后，面对父母的嗔怪和村里人有点异样的目光，她用行动打消了所有人的疑虑。她默默地帮老人填写材料申请低保、处理邻里纠纷、入户走访调查……本着改变家乡面貌，让家乡父老过上更好日子的想法，她仿佛有用不完的劲。她想办法盘活家乡丰富的竹资源，以高出市价的价格向村民收购竹子，仅此一项，就让村民年收入增加了十万元左右。而后，以"党支部＋公司＋基地＋农户"模式成立的高山葛根示范基地再次让村民增产又增收。600多亩的高山生态禾花米，采取"稻、鸭、鱼、菌"的生态模式种植，以产业助农扶贫的形式，切实让贫困户脱贫。杨宁还组织融水县大学生村官在8个乡镇成立了"苗村倌"农产品电商中心，为家乡的优质农产品飞出大山插上翅膀。

 学习感悟

_____
_____
_____
_____

 劳动实践

一、劳动准备

（1）劳动场地：具有良好的自然环境的劳动场地，土壤、气候等条件有利于农作

物的生长；交通方便，在需要时能够迅速到达；有一定的基础设施，如灌溉系统、排水系统等，以保障农业生产的顺利进行。

（2）工具与材料：农业生产所需的工具，如犁、耙、锄头、镰刀等；新型农业机械，如无人机、智能农机等；农业生产所需的材料，如种子、化肥、农药等。

（3）劳动知识准备：了解农作物的生长周期和管理方法、土壤改良和肥力管理、病虫害防治、农业机械操作、农村合作经济组织的相关知识。

（4）服装准备：选择舒适、透气、具有一定防护功能的衣物(如长袖衣服、长裤等)。

二、劳动步骤

请根据劳动步骤及劳动要点开展劳动实践，并以简短的语句将劳动操作过程中的经验与心得记录在表 8-1 中。

表 8-1　劳动过程记录表

劳动步骤	劳动要点	劳动操作经验与心得
第 1 步，在教师指导下制订帮扶计划	了解种植技术、优质种子推广、农业机械化、农产品加工、市场营销、金融服务等内容，制订计划	
第 2 步，土地整治	（1）对土地进行普查，了解土地的基本情况，包括土壤肥力、水源、地形等； （2）对土地进行规划，根据土地的实际情况，制订合理的种植方案； （3）对土地进行整治，包括平整、排水、施肥等，为后续的农业生产创造良好的条件	
第 3 步，开展土地整理	（1）去除杂草、杂物等障碍物； （2）翻耕土地，将表层的土壤翻到底层，使作物根系可以吸收养分； （3）翻耕后，要对土地进行平整，使之具有一定的高度差，以便排水和灌溉，注意保持土地的坡度，防止水土流失； （4）改良土壤，掺入有机肥、绿肥等，采用深翻、旋耕等方法进行土壤调理	
第 4 步，播种与施肥	（1）播种时保证种子的密度和均匀度，以利于作物的生长和发育； （2）根据土壤的肥力状况和作物的需求量施肥，保证作物能够获得充足的养分； （3）根据当地的气候条件和作物的耐旱性，合理安排灌溉次数和水量	
第 5 步，除草与病虫害防治	（1）采取人工除草和化学除草相结合的方式进行除草； （2）加强对病虫害的监测和预警，发现病虫害要及时采取防治措施，防治方法包括生物防治、物理防治和化学防治等	
第 6 步，收割与储存	（1）收割时注意保护作物的完整性，避免破损和霉变； （2）收割后的农作物要及时进行储存，储存条件要适宜，以免影响作物的品质和口感	

三、劳动注意事项

（1）在进行土地整理和耕作时，应佩戴适当的劳动防护用品，以防止发生意外伤害。遵守操作规程，避免触碰危险物品，确保作业安全。

（2）应根据自身体力状况合理安排工作时间，避免过度劳累。在高温季节，要注意适时休息，防止中暑；在寒冷季节，要注意保暖，防止冻伤。

（3）通过定期锻炼、合理饮食等方式提高身体素质，保持良好的身体素质以更好地完成土地整理和耕作工作。

（4）注重环境保护，合理使用化肥、农药等，避免污染土壤、水源等环境资源。妥善处理废弃物，实现农业生产的可持续发展。

（5）提高农业技术水平，掌握先进的农业种植、养殖技术，提高农业生产效率。

（6）学会与他人沟通、协作，共同完成任务。

四、成果交流

（1）请交流分享以下内容，并将自己的相关情况记录下来。

① 我观察到的农作物的生长过程是_____。
② 我了解的农作物的生产周期、品种和种植技术有_____。
③ 我在实践中了解的农业现代化技术包括_____。
④ 我在实践中掌握的农业生产技能有_____。

（2）请将自己耕作帮扶的照片以及成果的照片粘贴在下面的框内。

粘贴处

劳动评价

分别进行自我评价、同学评价和老师评价，填写表8-2。

表8-2　劳动评价表

评价维度	评价标准	评价角度		
		自我评价 （1—10分）	同学评价 （1—10分）	老师评价 （1—10分）
劳动态度	按时参与劳动实践，遵守劳动规定和流程			
	认真预习，课前准备充分			
	在劳动过程中积极参与、主动探索			

续 表

评价维度	评价标准	评价角度		
		自我评价（1—10分）	同学评价（1—10分）	老师评价（1—10分）
劳动能力	能够按时完成劳动任务			
	解决问题能力			
	团队协作能力			
	创新能力			
劳动成效	任务完成进度			
	任务完成质量			
总体评价	总体表现及潜力			
总 分				

课后任务

请根据本次耕作帮扶劳动实践，在表 8-3 中记录劳动情况。

表 8-3 劳动情况记录表

劳动时间		劳动地点	
劳动服务对象		劳动实践人	
劳动中的感受	劳动中的快乐		
	劳动中的不足		
	劳动熟练程度		
	劳动的建议		
成果展示	粘贴处		

任务二 开展乡村振兴电商助农实践

随着近年来电子商务行业不断发展、市场不断下沉，农副产品赢得了广大消费者的青睐。面对乡村电子商务发展的热潮，我国各类电商企业纷纷涉足乡村产业领域，开始了大规模的包括直播在内的"电商下乡"活动，旨在为农副产品找到更多更有效的销售渠道。将大学生劳动教育与乡村振兴战略融合起来，可以提高乡村的经济活力，促进乡村经济发展，形成"学以致用""乡村发展"的双循环，既有助于强化大学生的专业素养，使其培养良好的人格，增强职业能力，又有助于大学生实现德智体美劳全面发展的目标。

名人名言

农，天下之大本。

——王祯

劳动目标

- 知识目标：

  了解乡村振兴战略的重要性和背景；掌握电商助农实践的基本概念、特点和优势；熟悉乡村振兴电商助农实践的主要模式和方法；理解乡村振兴电商助农实践的意义和价值。

- 能力目标：

  能够分析乡村振兴电商助农实践的现状和问题；能够提出乡村振兴电商助农实践的发展策略和措施；能够设计和实施乡村振兴电商助农实践的项目和活动；能够评估乡村振兴电商助农实践的效果和影响；具备良好的团队协作能力和沟通能力，能够与政府、企业、农民等各方合作推进乡村振兴电商助农实践；具备创新意识和实践能力，能够在乡村振兴电商助农实践中发挥自身优势，推动农业现代化和农村振兴；具备批判性思维和判断力，能够在乡村振兴电商助农实践中识别和解决实际问题。

- 素质目标：

  具备较强的社会责任感和使命感，关注乡村经济发展和农民生活改善。

劳模小故事

"全国脱贫攻坚先进个人"张永红

2021年，张永红被授予"全国脱贫攻坚先进个人"称号。2022年，他打造的电商平台全年销售额突破2300万元，带动周边10个乡镇销售农副特产，1300余户农户和残疾人家庭在农村电商中受益。难以想象，这样的成绩是一名坐在轮椅上的残疾人做出来的。

2005年，张永红结婚生子后没多久便突遭变故——被石头砸伤颈椎，造成下肢

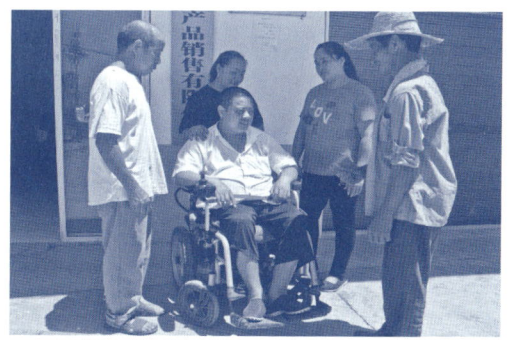

张永红坐着轮椅与员工交流

瘫痪。从此，他每天只能躺在床上煎熬度日，意志也越发消沉。

受伤6年后的一天，电视上播出的一则"一位父亲为了给生病的孩子治病，用手机在网上售卖土特产"的新闻，让他陷入了沉思：他能在网上卖土特产，为什么我不行？

2012年，张永红筹钱购买了一部智能手机，开始在微博上销售本村的土特产。一开始进展并不顺利，就在他一筹莫展时，一些网络知名博主对他的信息进行了转发，他的农村电商之路由此变得通达。

2013年，"武隆县小张土特产经营部"网店上线。2015年，他又注册了"重庆市武隆县传宏土特产品有限公司"，走上了"公司＋农户"的规范化经营道路。

随着电商越做越大，张永红开始思考着如何带动更多村民，特别是残疾人实现增收。公司注册成立后，他将公司的招聘对象向困难农户和残疾人家庭倾斜。时至今日，他公司的20名员工中，有15名是残疾人。

 学习感悟

_____
_____
_____
_____
_____

一、劳动准备

（1）劳动场地：安全、卫生、有利于工作的场地，如乡村的田地、养殖场、果园等，也可选择一些有特色的乡村旅游景点。

（2）工具与材料：电商相关的工具和材料，如电脑、手机、网络设备；基本的劳动工具，如锄头、铲子、剪刀、编织袋等；农产品、包装材料等。

（3）劳动知识准备：具备一定的劳动知识，如对农业生产的基本了解、电商平台的操作技能、农产品的保鲜和储存方法等。

（4）服装准备：选择舒适、透气的运动服或工作服，要具备防晒、防蚊虫叮咬等功能；注意保暖、防寒。

二、劳动步骤

请根据劳动步骤及劳动要点开展劳动实践，并以简短的语句将劳动操作过程中的经验与心得记录在表8-4中。

表 8-4 劳动过程记录表

劳动步骤	劳动要点	劳动操作经验与心得
第1步，开展市场调研与分析	（1）收集信息，对当地的农业资源、农产品特点、消费市场需求等进行全面了解； （2）对收集到的市场信息进行整理和分析，找出具有潜力的产品和市场空间，并通过对竞争对手的分析，了解自己的优势和不足，为后续的营销策略提供依据	
第2步，制订产品策划方案	（1）根据市场调研结果，根据产品的特点、品质、价格以及消费者的需求和喜好等因素，确定推广的农产品； （2）设计产品的包装和外观，提升产品的吸引力； （3）制定产品的营销策略，包括促销活动、优惠政策等，以吸引更多消费者购买	
第3步，在电商平台开设店铺	（1）选择合适的电商平台，注册店铺； （2）运用电商运营知识，提高自己的运营能力，包括商品管理、订单处理、客户服务等； （3）建立供应链体系，与农户建立合作关系，确保产品的质量和供应稳定； （4）建立库存管理制度，避免库存积压和滞销	
第4步，产品推广与营销	（1）利用社交媒体平台，进行产品宣传和推广； （2）参加电商平台的活动和促销，如双十一、双十二等大型促销活动，提高产品的曝光度和销售额； （3）利用优惠券、满减等营销手段，刺激消费者购买； （4）通过抽奖、送礼等活动，增强消费者的互动和参与积极性	
第5步，售后服务与评价管理	（1）保证产品的质量和配送速度，解决消费者在购物过程中遇到的问题； （2）及时处理和反馈售后问题，提高消费者满意度； （3）对消费者的评价进行管理，及时回复好评和中评，引导消费者发表积极的评价； （4）对于差评，要认真调查其原因，改进服务和产品质量	

三、劳动注意事项

（1）保持良好的身体素质，预防感冒、中暑等疾病，注意安全防护。

（2）在进行农作物收获、搬运等劳动时，要佩戴口罩、手套等防护用品，以保护自己的呼吸道和皮肤。

（3）在电商平台运营中，注意礼貌应对消费者的提问、反馈，及时解决消费者存在的问题，做到热情、友善、响应迅速。

（4）注重环境保护，合理使用化肥、农药等，避免污染土壤、水源等环境资源；

妥善处理废弃物，实现农业生产的可持续发展。

（5）提高农业技术水平，掌握先进的农业种植、养殖技术，提高农业生产效率。

四、成果交流

（1）请交流分享以下内容，并将自己的相关情况记录下来。

① 我对电商平台的选择与优化的心得是＿＿＿＿＿＿＿＿＿＿＿＿＿＿＿＿＿＿。

② 我进行产品定位与品牌建设的方法是＿＿＿＿＿＿＿＿＿＿＿＿＿＿＿＿＿＿。

③ 我的营销策略与推广方法是＿＿＿＿＿＿＿＿＿＿＿＿＿＿＿＿＿＿＿＿＿＿。

（2）请将自己电商助农的照片以及成果的照片粘贴在下面的框内。

粘贴处

劳动评价

分别进行自我评价、同学评价和老师评价，填写表 8-5。

表 8-5　劳动评价表

评价维度	评价标准	评价角度		
		自我评价（1—10 分）	同学评价（1—10 分）	老师评价（1—10 分）
劳动态度	按时参与劳动实践，遵守劳动规定和流程			
	认真预习，课前准备充分			
	在劳动过程中积极参与、主动探索			
劳动能力	能够按时完成劳动任务			
	解决问题能力			
	团队协作能力			
	创新能力			
劳动成效	任务完成进度			
	任务完成质量			
总体评价	总体表现及潜力			
总　　分				

课后任务

请根据本次电商助农实践,选定某一种农产品,策划一次电商助农实践,并进行详细的产品介绍和推广,完成表 8-6。

表 8-6 劳动情况记录表

劳动时间		劳动地点	
劳动服务对象		劳动实践人	
劳动中的感受	劳动中的快乐		
	劳动中的不足		
	劳动熟练程度		
	劳动的建议		
成果展示	粘贴处		

任务三 开展乡村振兴家电维修实践

大学生志愿服务活动是高校教育体系必不可少的一部分,对于帮助大学生深入实际、了解国情、增强才干、奉献社会、锻炼毅力、培养完善人格、增强社会责任感、提高社会适应能力具有十分重要的作用。大学生在乡村振兴家电维修实践活动中,能够培养理论联系实际、学以致用的能力,增强社会服务意识,树立正确的世界观、人生观、价值观。

百工之事,皆圣人之作也。

——《周礼·考工记》

模块八　走进乡村

劳动目标

- **知识目标：**

  掌握家电的基础知识，了解各种家电的构造、工作原理、常见故障等；熟悉家电维修工具和设备，了解各种家电维修工具和设备的使用方法和使用技巧；熟悉家电维修流程，了解家电维修的一般流程，包括检查、诊断、维修和测试等。

- **能力目标：**

  能够使用各种家电维修工具和设备进行实际操作；能够对家电进行诊断和分析并找出故障原因；能够用各种方法解决问题，保证家电正常运行。

- **素质目标：**

  具备责任心和认真的态度，能够保证工作质量和进度，积极完成工作任务；提高学习能力和创新能力，能够不断学习新知识和技能，提高自身的修理技能；增强服务意识和诚信意识，能够为客户提供优质的服务，保持良好的信誉。

劳模小故事

王学勇：以匠心守护民族汽车品牌

全国"五一"劳动奖章获得者、全国"最美职工"、享受国务院特殊津贴……王学勇的身上有着许多闪光的标签。

王学勇出生、成长在农村，小时候常看到开摆渡船的父亲自己维修发动机，这引发了他强烈的好奇心，总要动手去尝试。当时在农村还很少能见到汽车，在他的印象里，汽车是稀有的东西。上了中专以后，他选择了汽车检测维修专业。毕业那年，汽车公司来学校里招人，他由此与汽车结下了不解之缘。

在通过汽车公司的招聘环节后，因为个子高，王学勇被分配到一线的底盘装配工岗位。单一枯燥的工作并未磨掉他的锐气，他觉得这里像是一所新的学校，他接触到了以前听也没听到过的工作技巧和知识。怀着饱满的热情，他埋头苦干。

王学勇尤其擅长整车工艺和装配、电路、发动机、变速箱、底盘及内饰返工调整，在四轮定位、大灯检测、尾气分析及淋雨试验等方面积累了丰富经验，还练就了一对"金耳朵"，能听声诊断，通过车辆行驶或部件运行时发出的异响，判断车辆的故障点。

工作出色的王学勇还接受公司调遣，远赴海外多地解决众多技术难题。他在俄罗斯工厂负责过技术支持、疑难问题的判断和海外员工的培训工作，累计解决了600辆车上的疑难问题。王学勇展现了中国工人坚韧不拔的优秀品质和扎实的职业技能，彰显了精益求精的可贵品质。

王学勇在维修汽车

任务三　开展乡村振兴家电维修实践

学习感悟

_____
_____
_____
_____
_____

劳动实践

一、劳动准备

（1）劳动场地：选择满足以下条件的劳动场地。①交通便利，便于家电维修人员的出入和工具的运输。②面积足够，能够容纳维修工具和材料，维修人员有操作空间。③光线良好，保证维修人员的工作环境明亮和安全。④通风良好，保证维修人员的工作环境空气清新，减少有害气体和粉尘的产生。⑤有适当的排水设施，保证工作场地的干燥和清洁。

（2）工具与材料：维修工具箱，用于存放维修工具和材料，如扳手、螺丝刀、钳子、电线剪等；电气工具，如万用表、电钻、吸尘器等，用于检测和维修电器设备；金属材料，如铜、铝、铁等，用于制作和维修电器零部件；绝缘材料，如橡胶、塑料等，用于保证维修工作的安全；电气安全用品，如安全帽、手套、护目镜等，用于保护维修人员的人身安全和防止电击事故的发生。

（3）劳动知识准备：掌握电气和机械知识，了解电器工作原理和维修方法；熟悉各种维修工具和材料的用途和使用方法；掌握安全操作规程，保证维修工作安全；具备良好的沟通和服务意识，能够及时回应客户的需求，提供优质的维修服务。

（4）服装准备：维修工作服，保护维修人员的躯干免受伤害，便于工作；安全帽，保护维修人员的头部免受伤害，防止物体打击和电击事故发生；手套，保护维修人员的手部免受伤害，减少触电和摩擦导致的伤害；护目镜，保护维修人员的眼睛免受伤害，防止碎片和飞溅物打击发生。

二、劳动步骤

请根据劳动步骤及劳动要点开展劳动实践，并以简短的语句将劳动操作过程中的经验与心得记录在表 8-7 中。

表 8-7　劳动过程记录表

劳动步骤	劳 动 要 点	劳动操作经验与心得
第1步，准备工作	（1）检查工具和设备是否齐全、无损坏； （2）清洁工作环境，确保维修过程安全顺利进行	
第2步，维修前检查	（1）检查电源、电压、电流等参数是否正常； （2）检查设备是否出现故障，如果发现设备出现故障，及时排除，以免影响维修质量	

续 表

劳动步骤	劳动要点	劳动操作经验与心得
第3步，进行维修	（1）打开设备； （2）检查是否存在故障； （3）更换零部件； （4）重新安装、维修等	
第4步，维修后检查	（1）检查设备能否正常运行； （2）检查维修质量； （3）调整和维修，确保设备能够长期正常运行	
第5步，维修保养	（1）清洁设备； （2）更换零部件； （3）调整设备等	

三、劳动注意事项

（1）安全第一，维修家电时应切断电源，避免触电；拆卸家电应使用专用工具，防止损坏家电或发生意外人身伤害；操作应遵循正确的操作顺序，防止误操作导致事故发生。

（2）注意操作规范，维修家电前应认真阅读说明书，了解维修步骤和注意事项；拆卸家电时应按照说明书上的顺序进行操作，不要随意更改操作步骤；操作过程中应保持工具和零部件的清洁，以避免灰尘和脏物进入家电内部导致故障。

（3）更换零部件前，检查旧零部件是否损坏，避免使用损坏的零部件；更换零部件时，应使用专用工具，避免损坏新零部件；更换零部件后，应检查新零部件是否安装正确，并拧紧固定螺丝。

四、成果交流

（1）请交流分享以下内容，并将自己的相关情况记录下来。
① 我维修的家电的工作原理和结构是_____。
② 我了解的维修工具和设备的使用方法有_____。
③ 我排除故障和维护家电的方法是_____。
④ 我在这次维修中感到最快乐的是_____。

（2）请将自己家电维修实践的照片以及成果的照片粘贴在下面的框内。

粘贴处

劳动评价

分别进行自我评价、同学评价和老师评价，填写表 8-8。

表 8-8 劳动评价表

评价维度	评价标准	评价角度		
		自我评价 （1—10分）	同学评价 （1—10分）	老师评价 （1—10分）
劳动态度	按时参与劳动实践，遵守劳动规定和流程			
	认真预习，课前准备充分			
	在劳动过程中主动积极参与、主动探索			
劳动能力	能够按时完成劳动任务			
	解决问题能力			
	团队协作能力			
	创新能力			
劳动成效	任务完成进度			
	任务完成质量			
总体评价	总体表现及潜力			
总 分				

课后任务

请根据本次家电维修实践，选择一种家电，分组在校内开展一次家电维修实践，并进行详细的维修过程讲解，完成表 8-9。

表 8-9 劳动情况记录表

劳动时间			劳动地点	
劳动服务对象			劳动实践人	
劳动中的感受	劳动中的快乐			
	劳动中的不足			
	劳动熟练程度			
	劳动的建议			
成果展示	粘贴处			

模块九　走近民间传统技艺

任务一　以茶修身——开展茶道学习实践

茶道源于中国，有着深刻的历史文化内涵，并且具有很高的技术要求。深入挖掘茶文化在劳动教育中的意义，探索茶文化融入劳动教育的路径，为大学生劳动教育的开展提供了新的方式。

名人名言

坐酌泠泠水，看煎瑟瑟尘。无由持一碗，寄与爱茶人。

——白居易

劳动目标

- 知识目标：
  了解中国茶道；认识泡茶工具；掌握泡茶的基本步骤。
- 能力目标：
  能够熟练地按照基本步骤进行茶的冲泡；能够正确使用泡茶过程中的各种基本手势。
- 素质目标：
  通过对茶道的学习，了解中国茶道精神，提升对中国传统文化的认知，树立文化自信，增强民族自豪感。

龙丽群：传承手工制茶工艺

1983 年，龙丽群出生于广西壮族自治区柳州市古宜镇马坪村古利屯。2003 年，只有初中学历的她南下广州，在电子厂务工。2008 年，她回到家乡，在三江侗族自治县就业谋生，卖过螺蛳粉，当过美容师，开过化妆店。

2016 年前后，三江侗族自治县的茶叶店不断增多。闲暇之余，她喜欢到茶叶店里品茶、买茶，看制茶大师炒茶、泡茶，并渐渐开始迷恋茶香、茶技。之后经朋友推荐，她拜本土制茶大师王芝富为师，正式与茶结缘。

"学习炒茶，苦乐相伴，炒一锅茶至少需要两个小时，十分消耗体力，中途不能分心，更不能半途而废。不同的季节，不同的茶青，摊青走水的程度、杀青的温度、揉捻的时长和力度也不一样，全凭手感和经验，非常考验自己的耐心和应变能力。但当你品上一口自己炒出来的茶，你便会忘掉一切苦累。"谈起制茶，龙丽群眉飞色舞。

龙丽群在山间采茶

为增强自己的理论知识，她自学《中国茶经》《中华茶道》《茶学概论》《茶叶加工技术》《茶叶加工工艺》《茶叶审评师》等书籍，并参加专业技术知识研修班进行线下学习。为提升制茶技能水平，她每日在温度超过200℃的铁锅中反复练习"铁砂掌"，不断学习茶叶拼配、手工炒茶等技艺，对自制茶品的外形、汤色、香气、滋味、叶底等要素细心总结，精益求精，系统掌握了绿茶、红茶、黄茶、白茶、乌龙茶等各种茶的制作工艺。

2022年，广西茶叶加工（手工绿茶）职业技能竞赛、第五届全国农业行业职业技能大赛茶叶加工赛项决赛相继在三江侗族自治县举办，龙丽群积极报名参赛，并不断强化训练，克服各种困难，最终脱颖而出，被评为全国农业技术能手。龙丽群表示："下一步，我将争取成立大师工作室，申报传统制茶工艺非遗传承人，在做好手工茶订单生意的同时，多带徒弟，全力传承传统手工制茶工艺，保护非物质文化遗产，让茶经济惠及千家万户。"

 学习感悟

___

___

___

___

___

 劳动实践

一、劳动准备

（1）劳动场地：专门的茶艺室或实训室。
（2）工具与材料：茶壶、茶杯、茶匙、茶则、茶盏、公道杯、茶托、茶巾、盖碗、茶漏、茶盘、煮水器、茶针、茶荷、茶夹、茶叶等。
（3）劳动知识准备：了解茶道历史、茶道精神，观看茶道实操视频等。
（4）服装准备：茶艺服或其他传统服装，如汉服等。

二、劳动步骤

请根据劳动步骤及劳动要点开展劳动实践，并以简短的语句将劳动操作过程中的

经验与心得记录在表 9-1 中。

表 9-1 劳动过程记录表

劳动步骤	劳动要点	劳动操作经验与心得
第 1 步，初步认识茶道	了解茶道的内涵、历史和发展等	
第 2 步，认识泡茶所用的工具	认识茶壶、茶杯、茶匙、茶则、茶盏、公道杯、茶托、茶巾、盖碗、茶漏、茶盘、煮水器、茶针、茶荷、茶夹等常用工具	
第 3 步，学习敬茶的基本手势与礼仪	（1）晚辈向长辈敬茶时，五指并拢成拳，拳心向下，五个手指同时敲击桌面，一般敲三下即可； （2）平辈之间敬茶时，食指、中指并拢，敲击桌面，相当于双手抱拳作揖，敲三下表示尊重； （3）长辈向晚辈敬茶时，以食指或中指敲击桌面，相当于点头，如非常欣赏晚辈，可敲三下	
第 4 步，温具	（1）用热水冲淋茶壶，包括壶嘴、壶盖，同时冲淋茶杯，随后即将茶壶、茶杯沥干； （2）温具的目的是提高茶具温度，使茶叶冲泡后温度相对稳定，以免温度下降过快，这对较粗老茶叶的冲泡尤为重要，还可以去除茶壶中的异味，有助挥发茶香	
第 5 步，置茶（也叫投茶）	（1）按茶壶或茶杯的大小在其中放入一定数量的茶叶，以备冲泡； （2）置入茶叶后，可以观赏壶（杯）里的茶叶形状与颜色，如果用来泡茶的是白色茶具，茶色与白色相映成趣，极具观赏价值	
第 6 步，冲水	（1）冲泡茶叶需高提水壶，让水自高处注入茶壶，使茶叶在壶内翻滚、散开，更充分地泡出茶味，俗称"高冲"； （2）冲水时，除乌龙茶冲水须溢出壶口、壶嘴外，通常以八分满为宜； （3）如果使用玻璃杯或白瓷杯冲泡，可以特别注重欣赏细嫩的茶叶，冲水也以七八分满为度，冲水时有"凤凰三点头"的讲究，就是将水壶下倾、上提三次，这既是表示主人向宾客点头致意，又能使茶叶和茶水上下翻动，使茶汤浓度一致，一般第一冲需要倒掉（洗茶）	
第 7 步，低泡	（1）冲泡好的茶应先倒进公道杯（茶海），取分茶公道之意； （2）茶壶壶嘴与公道杯间的距离以近为佳，以免茶内的香气过度散发，俗称"低泡"； （3）一般第一泡茶汤与第二泡茶汤在茶盅内混合效果更佳，第三泡茶汤则与第四泡茶汤混合	
第 8 步，分茶	将茶海中的茶分别倒入杯中，一般杯中的茶以七分满为宜	

续表

劳动步骤	劳动要点	劳动操作经验与心得
第9步，奉茶	奉茶时，将茶杯连同杯托一同放置在客人右手前方，主人还须用空余的手做出请的姿势，此时客人可将右手食指和中指并拢弯曲，轻轻敲打桌面，以表谢意	
第10步，闻香品茶	（1）品茶之前，可以先观察茶的颜色，闻茶的香味，最后才品尝； （2）品尝时遵循如下礼仪：一杯茶需分三口品尝，且在品茶之前，需注视泡茶者1～2秒，稍带微笑，以示感谢	

三、劳动注意事项

（1）泡茶时注意防护，防止水温过高，烫伤皮肤。

（2）泡茶时切勿用手抓取茶叶，以免使茶叶沾上手中的细菌或微生物，影响健康。若是将多取的茶叶放回，则会改变茶叶存储环境，不利于茶叶保存。

（3）茶叶浸泡时间不宜过长，若长时间浸泡茶叶，茶水会有苦涩味。

（4）不宜直接将茶放入保温杯冲泡，这不仅会损失茶叶的营养成分、使茶香减少，还会增加苦涩味。

（5）不宜泡浓茶。茶水太浓，会浸出过多的咖啡因和鞣酸，对肠胃刺激性大。

四、成果交流

（1）请交流分享以下内容，并将自己的相关情况记录下来。

① 我刚才泡的茶是_____。

② 这种茶的特点是_____。

③ 我在茶道学习中感到最快乐的是_____。

④ 我在泡茶过程中遇到最大的困难是_____。

（2）请将自己泡茶时的照片以及成果的照片粘贴在下面的框内。

粘贴处

劳动评价

分别进行自我评价、同学评价和老师评价，填写表9-2。

表 9-2　劳动评价表

评价维度	评价标准	评价角度		
		自我评价 （1—10分）	同学评价 （1—10分）	老师评价 （1—10分）
劳动态度	按时参与劳动实践，遵守劳动规定和流程			
	认真预习，课前准备充分			
	在劳动过程中积极参与、主动探索			
劳动能力	能够按时完成劳动任务			
	解决问题能力			
	团队协作能力			
	创新能力			
劳动成效	任务完成进度			
	任务完成质量			
总体评价	总体表现及潜力			
总　　分				

课后任务

任务 1：请根据本次劳动实践，在家里为长辈冲泡一次茶，并在表 9-3 中记录劳动情况。

表 9-3　劳动情况记录表

劳动时间		劳动地点	
劳动服务对象		劳动实践人	
劳动中的感受	劳动中的快乐		
	劳动中的不足		
	劳动熟练程度		
	劳动的建议		
成果展示	粘贴处		

任务 2：请分组组织一次茶道表演，配上背景音乐，在学校的活动中进行展示，并在表 9-4 中记录排练情况。

表 9-4 劳动情况记录表

劳动主题		劳动时间	
劳动地点		劳动团队成员	
劳动中的感受	劳动中的快乐		
	劳动中的不足		
	劳动熟练程度		
	劳动的建议		
成果展示	粘贴处		

任务二　指尖艺术——开展剪纸制作实践

剪纸是一种古老的中国民间艺术，被列为中国国家级非物质文化遗产和人类非物质文化遗产。剪纸作为一种镂空艺术，有着深厚的生活积淀与底蕴，能给人以艺术享受。大学生开展剪纸制作实践，有利于充分发挥非物质文化遗产的资源优势，探索非遗文化与劳动教育有机结合的方式，丰富劳动形式，传播中国传统文化，做到更加崇尚劳动、尊重劳动。

>
>
> 镂金作胜传荆俗，剪彩为人起晋风。
>
> ——李商隐

劳动目标

- 知识目标：
  了解传统剪纸的历史、类型和派系；认识剪纸工具；掌握剪纸的基本步骤。
- 能力目标：
  能够熟练地按照折纸、剪纸的基本步骤进行剪纸制作；能够根据剪纸的类型进行不同风格的贴裱。
- 素质目标：
  激发学习中国传统文化的兴趣，培养正确的劳动观念和良好的劳动品质，增强文化自信和民族自豪感。

劳模小故事

蔚县剪纸传承人周淑英

周淑英,河北省张家口市蔚县剪纸第三代正宗谱系传人,国家级非物质文化遗产传承人。她毕业于中央美术学院,现任中央美术学院客座教授、北京大学客座教授,还被其他30多所院校聘请为客座教授,培养剪纸弟子5 000多人。2015年,她被中华全国妇女联合会评为全国巾帼建功标兵,2017年被张家口市评为"五一"劳动模范。

周淑英的父亲周永明是蔚县剪纸艺术创始人王老赏唯一的嫡传弟子,中国第二代著名剪纸艺术家。他开创了周派螺旋刀、针尖刀和套染、晕染新技法,创作了驰名中外的"百种脸谱"和戏剧人物、花鸟鱼虫800多种剪纸作品。

起初,周淑英的父亲并不希望她剪纸,所以,她只能在一旁"偷师"。只要父亲剪纸,她就会躲在一旁细心观察,然后暗自用功,画好样子悄悄放到父亲桌上。终于,在20岁时,执着的周淑英终于以她的勤奋和天赋打动了父亲。周淑英在父亲的言传身教和指导下不断成长进步,很快便成为一名优秀的剪纸艺人。她酷爱剪纸艺术,练就了刻、画、染的全套功夫,艺术风格与其父周永明一脉相承,并开创了6种新技法。

除了传承父亲的衣钵,周淑英还长于创新。早年间,蔚县剪纸的颜色较为单调,如牡丹只有粉、黄两色,而如今,蔚县剪纸的牡丹造型姹紫嫣红,这源于周淑英无意间产生的灵感。一次,她看到一只蜘蛛从一种颜料爬到另一种颜料中,把两种颜料混合在一起,在宣纸上留下的颜色紫粉紫粉的,特别漂亮。于是她突发灵感:何不用两种颜色调配出一种新的颜色呢?于是,她真的调配出了一种特别漂亮的紫色,获得了高度认可。

成名之后的周淑英不满足于自己已经取得的成就,满怀求知欲地来到中央美术学院民间艺术研究室进修学习。她学习各地流派剪纸艺术风格特点,不断总结、创新、发展,先后开创6种点染技法——杂染法、铺盖法、雾染法、叠染法、泼墨法、混沌法,使蔚县剪纸更加富有神韵。学习期间,她还创作出关于古老民俗传统的代表作《生命树》,轰动一时,被全国和河北省妇联评为"双学双比女能手"。

学习感悟

劳动实践

一、劳动准备

(1)劳动场地:剪纸实训室或普通教室。

（2）工具与材料：纸张，常用的纸有普通红纸、宣纸、蜡光纸和彩色卡纸，初学者可以使用普通红纸；剪刀和刻刀，剪刀要选择刀口薄的，头部必须尖锐锋利，在抠剪的过程中很容易就能穿透纸张，旋转自如，若对抠剪掌握得不好，可以使用刻刀来代替剪刀；描图工具，如碳素笔、圆规、尺子和橡皮，供画底稿时使用。

（3）劳动知识准备：了解剪纸历史、观看剪纸实操视频等。

（4）服装准备：传统服装、民族服装，如汉服等。

二、劳动步骤

请根据劳动步骤及劳动要点开展劳动实践，并以简短的语句将劳动操作过程中的经验与心得记录在表 9-5 中。

表 9-5　劳动过程记录表

劳动步骤	劳 动 要 点	劳动操作经验与心得
第 1 步，初步认识剪纸	（1）了解剪纸的内涵、历史和发展等； （2）了解剪纸的各种类型、派系等	
第 2 步，认识剪纸所用的工具	认识各种纸张，如普通红纸、宣纸、蜡光纸和彩色卡纸，认识剪刀和刻刀，碳素笔、圆规、尺子和橡皮等工具	
第 3 步，折叠	（1）将红纸沿着对角线对折一次，注意一定要压扁、压平； （2）将对折的纸沿着中线对折，使两个 45°角重叠在一起； （3）将两侧对折的纸沿着中线对折，继续使两个 45°角重叠在一起； （4）再次对折，与前两次不同，这次是将其中一个 45°角对折成两半，另一条边是不对齐的	
第 4 步，画图	用碳素笔、圆规和尺子等工具在稍短的折纸那一面画上图案	
第 5 步，剪镂	沿着画的线用剪刀将阴影部分全部剪掉，剪的时候要慢一点，不要剪坏	
第 6 步，展开	剪好以后，将红纸逐层全部展开，一幅漂亮的剪纸作品就制作成功了	
第 7 步，贴裱	（1）剪纸作品必须压平才能装裱，对作品进行细心的贴裱，不仅能提升美观度，还能对作品起到保护作用，贴裱有镜框装裱、纸板装裱、卷轴装裱、压胶装裱等方式，可以根据个人喜好进行选择； （2）备好与底版纸相同大小的托纸，最好使用与剪纸相同纸质的纸张作为托纸，纸张要光洁、没有颜色，使用前要逐张检查，并用小刀把上面的杂质刮干净，用清扫工具清扫一遍； （3）备好一些花边纸，选择与剪纸作品相配的花边颜色	

练习剪纸

三、劳动注意事项

（1）使用工具时一定要注意安全。

（2）剪纸需要耐心和悟性，要多观察、慢慢揣摩，还要经常动手，这样才能找到感觉。裁剪时该镂空的地方要镂空，注意不要将线条剪断。

（3）剪纸使用的工具和材料会有一定的局限性，因此在处理图形时，既要抓住物体的主要特点，又要让线条连接自然，要大胆舍去一些次要部分，让主体更加明显。

四、成果交流

（1）请交流分享以下内容，并将自己的相关情况记录下来。

① 我刚才剪的图案是_____。

② 这种图案的裁剪特点是_____。

③ 我在剪纸过程中感到最快乐的是_____。

④ 我在剪纸过程中遇到的最大的困难是_____。

（2）请将自己剪纸过程中的照片以及剪纸成果的照片粘贴在下面的框内。

粘贴处

劳动评价

分别进行自我评价、同学评价和老师评价，填写表9-6。

表 9-6　劳动评价表

评价维度	评价标准	评价角度		
		自我评价 （1—10分）	同学评价 （1—10分）	老师评价 （1—10分）
劳动态度	按时参与劳动实践，遵守劳动规定和流程			
	认真预习，课前准备充分			
	在劳动过程中主动积极参与、主动探索			
劳动能力	能够按时完成劳动任务			
	解决问题能力			
	团队协作能力			
	创新能力			
劳动成效	任务完成进度			
	任务完成质量			
总体评价	总体表现及潜力			
总　分				

课后任务

请以宿舍为单位，为宿舍进行剪纸装饰，烘托出节日气氛，并在表 9-7 中记录劳动情况。

表 9-7　劳动情况记录表

劳动主题			劳动时间	
劳动成员			劳动成果	
劳动中的感受	劳动中的快乐			
	劳动中的不足			
	劳动熟练程度			
	劳动的建议			
成果展示	粘贴处			

任务三　传统手作——开展刺绣制作实践

中国刺绣又称丝绣、针绣,以绣针引彩线(丝、绒、线),按照设计的花样,在织物(丝绸、布帛)上刺缀运针,以绣迹构成纹样或文字。早在远古时代,刺绣就伴随着祭天礼器(青铜器、玉器)、陶器和织物的产生而诞生,且世代更迭、生生不息,是中华民族最具代表性的传统手工艺之一。刺绣是一门很实用的手艺,操作性极强,大学生参加刺绣制作实践活动,既能锻炼劳动技能,又能提高审美能力。

名人名言

天时人事日相催,冬至阳生春又来。刺绣五纹添弱线,吹葭六琯动浮灰。

——杜甫

劳动目标

- 知识目标:
  了解中国刺绣历史;认识刺绣工具;掌握刺绣的基本步骤。
- 能力目标:
  能够熟练地按照刺绣的步骤进行简单的刺绣。
- 素质目标:
  培养创造美、表现美的能力,提升对中国传统文化的认知,树立文化自信,增强民族自豪感。

劳模小故事

彭萍:妙手制刺绣,巧思铸大业

"刺绣可以让我忘记烦恼,用各色的丝线交织、重叠成斑斓的图案,一幅幅华丽、精美的刺绣在一针一线的错落中诞生,使我满怀成就感",彭萍说。在云南省人民政府外事办公室和外交部礼宾司的大力推荐下,以彭萍为主创的刺绣作品《白族少女》于2019年3月8日被国家领导人及夫人亲自选为"国礼",随其一同出访欧洲三国(摩纳哥、意大利、法国)并被赠予国际政要。这也是中华人民共和国成立以来云南省历史上为数不多的获得"国礼"殊荣的工艺品,为云南省、丽江市文化艺术品赢得了至高荣誉。

20 世纪 60 年代,彭萍出生在四川省一个小县城里。那个年代物资比较匮乏,她从小就跟随母亲及家族里的女性长辈学习制作各种手工制品。精致的刺绣图案埋下了彭萍心中艺术的种子,对刺绣的喜爱从那时便开始萌芽。

彭萍从四川外国语学院毕业后,跟随丈夫去了贵州,苗村里有各种精美绝伦的刺绣作品、精妙的民族刺绣技术。从那时起,彭萍夫妇便开始将民族刺绣与蜀绣刺绣艺术相结合，进行研究和探索。1998年，他们从贵阳来到昆明，在大观公园长联文史馆从事书法绘画宣传工作。在这里工作的十年时光里，彭萍依旧坚持研究刺绣技术，这也为她的刺绣创作之路奠定了坚实的基础。

十余年寒来暑往中，彭萍扎根于云南省丽江市玉龙纳西族自治县白沙古镇从事刺绣创新和教学工作，对纳西族文化艺术有了亲身体验，也深受藏族文化艺术的浸润。其作品在技法上吸取了苏绣、蜀绣、湘绣、粤绣四大名绣的技术特点，并结合彝族、苗族、布依族、白族、纳西族等云南本土民族的一些刺绣针法，形成了自己的风格特色。其中

彭萍的刺绣作品《白族少女》

与藏传佛教相关的"国唐——抽纱刺绣唐卡"系列是彭萍最重要的系列作品之一。2010年，她将这门绝技重新恢复并进一步发展起来，填补了我国抽纱刺绣唐卡艺术的空白，使之成为滇绣的代表性作品。

十年如一日般对刺绣的热爱与坚持也让彭萍获得了诸多荣誉，其个人作品共获得国际、国家、省级大奖20余次，她也获得了"2013年云南省工艺美术行业十大领军人物""2014年度中国工艺美术行业典型人物"等荣誉称号。在传承与发扬刺绣等非物质文化遗产的同时，彭萍还热心公益，回馈社会，通过捐款捐物、义卖捐助等方式参与了许多活动。

"现代物质生活已经很富足了，大家愈加重视精神文明，注重兴趣的培养。我会耐心研究，简化刺绣的复杂技艺，引导学员在一针一线中爱上刺绣，将这种文化传承和发扬下去。"彭萍铿锵有力地说。彭萍以日积月累的学习、练习、研究成就了自己，也弘扬了中国传统文化。

 学习感悟

 劳动实践

一、劳动准备

（1）劳动场地：绣坊或普通实训室。

（2）工具与材料：绣花针、绣线、棉布、绣花绷、站架、手扶板、剪刀、卷尺。
（3）劳动知识准备：了解中国刺绣的历史、种类，观看实操视频等。
（4）服装准备：传统服装，如汉服、旗袍等。

二、劳动步骤

请根据劳动步骤及劳动要点开展劳动实践，并以简短的语句将劳动操作过程中的经验与心得记录在表9-8中。

表9-8 劳动过程记录表

劳动步骤	劳动要点	劳动操作经验与心得
第1步，初步认识刺绣	了解刺绣的历史、发展、种类等	
第2步，认识刺绣所用的工具	认识绣花针、绣线、棉布、绣花绷、站架、手扶板、剪刀、卷尺等常用工具	
第3步，选布	（1）初学者最好选用白色或者浅色棉布或帆布； （2）布料支数至少28支，支数高的布料密度更大，更结实，更适合刺绣	
第4步，选线	（1）刺绣一定要用绣线，不能用其他手缝线代替； （2）根据作品的特性选择高品质的绣线	
第5步，选针	（1）如果是在帆布上绣花，可选用12~18号针； （2）有些针的针头很尖锐，有些针的针头很钝，初学者可以选择比较尖锐的针，这样会让你完成作品时更顺利	
第6步，绣花绷	准备一个绣花绷，有了绣花绷，我们才可以开始刺绣作品	
第7步，设计图纸	开始刺绣前，应该设计好准备刺绣的图案，比如想做一幅花朵刺绣，就要先在纸上画出一朵花，只需要画出花朵的轮廓，中间不需要填充	
第8步，转印图案	将设计好的图案转印到布料上，初学者可以把图案放在布下面，再描画出来	
第9步，确定设计效果	用笔做好记号，标出哪些区域是需要填充的	
第10步，固定布料	把画好图纸的布料用绣花绷固定好	
第11步，剪线	把线剪一段下来备用，线的长短取决于准备绣花的区域大小，注意线不要留得太长	
第12步，穿线	将线穿过针眼	
第13步，起针	从布料的背面入针，然后根据图纸走针线	
第14步，打结	在长线末端打一个小结，防止脱线	
第15步，分区绣	根据图案逐个区域地进行刺绣	

续 表

劳动步骤	劳 动 要 点	劳动操作经验与心得
第16步，装饰	在空白区域加入一些装饰线迹，让作品看上去更漂亮	
第17步，收线	收线时一定要针脚均匀，不要过大或过小	

三、劳动注意事项

（1）手持绣绷时，让调节松紧的机关远离刺绣时绣线移动的位置，否则容易勾线。

（2）手持绣绷刺绣时，拿着绣绷的手指在拉线时轻按线尾与布的连接处，可减小线打结的概率。

（3）可调节绣绷易调节，但容易绷不紧；不可调节绣绷绷得紧，但是容易导致有弹力的布料变形。

（4）准备多种规格的绣绷，可节省布料。

（5）绣线极易勾丝，需对手部进行一定的保护，除去倒刺。

（6）如果线打结了，不要大力拉扯，可以用针勾住打结的部位的试着拽松，如果将之拽松了，就可以轻松解结。

四、成果交流

（1）请交流分享以下内容，并将自己的相关情况记录下来。

① 我绣的作品是＿＿＿＿＿＿＿＿＿＿＿＿＿＿＿＿＿＿＿＿＿＿＿＿＿＿＿。

② 这种绣品的特点是＿＿＿＿＿＿＿＿＿＿＿＿＿＿＿＿＿＿＿＿＿＿＿＿＿。

③ 我在刺绣学习中感到最快乐的是＿＿＿＿＿＿＿＿＿＿＿＿＿＿＿＿＿＿。

④ 我在刺绣过程中遇到的最大的困难是＿＿＿＿＿＿＿＿＿＿＿＿＿＿＿＿。

（2）请将自己刺绣时的照片以及成果的照片粘贴在下面的框内。

粘贴处

劳动评价

分别进行自我评价、同学评价和老师评价，填写表9-9。

表 9-9　劳动评价表

评价维度	评价标准	评价角度		
		自我评价 （1—10分）	同学评价 （1—10分）	老师评价 （1—10分）
劳动态度	按时参与劳动实践，遵守劳动规定和流程			
	认真预习，课前准备充分			
	在劳动过程中积极参与、主动探索			
劳动能力	能够按时完成劳动任务			
	解决问题能力			
	团队协作能力			
	创新能力			
劳动成效	任务完成进度			
	任务完成质量			
总体评价	总体表现及潜力			
总　分				

课后任务

任务 1：请根据本次劳动实践，自选内容，绣一幅作品为长辈祝寿，并在表 9-10 中记录劳动情况。

表 9-10　劳动情况记录表

劳动时间		劳动地点	
劳动服务对象		劳动实践人	
劳动中的感受	劳动中的快乐		
	劳动中的不足		
	劳动熟练程度		
	劳动的建议		
成果展示	粘贴处		

任务 2：在班级中开展一次刺绣比赛，对优秀刺绣作品进行展示，并用作品装饰宿舍。在表 9-11 中记录情况。

表 9-11 劳动情况记录表

劳动主题		劳动时间	
劳动地点		劳动团队成员	
劳动中的感受	劳动中的快乐		
	劳动中的不足		
	劳动熟练程度		
	劳动的建议		
成果展示	粘贴处		

任务四　舌尖中国——开展广式茶果制作实践

广式茶果分三类：白团，用黏米粉加豆沙制作；萝卜糕，用糯米粉加萝卜干和肉粒制作；饺子，用淀粉加猪肉、荸荠或萝卜丝制作。其可制作成甜、咸两种口味，口感香糯。大学生参与传统茶果的制作能够加深对传统饮食习俗的了解，弘扬美育精神，以亲身体验的方式传承好本地传统文化。

窥萝玩猿鸟，解组傲云林。茶果邀真侣，觞酌洽同心。

——韦应物

劳动目标

- 知识目标：

　　了解广式茶果的起源与历史；认识广式茶果的种类；掌握制作广式茶果的基本步骤。

- 能力目标：

　　能够熟练地按照步骤制作广式茶果；能够通过实践制作不同种类的广式茶果。

- 素质目标：

　　通过制作广式茶果，了解中国饮食文化和地方饮食文化的历史，提升劳动技能，传承地方文化，增强文化自信。

劳模小故事

张泳瑜：把留住春节记忆做成事业

家乡的美食是人们与家乡相连的印记，任凭时光流转，这种联系都不会变淡。临近春节，中山市三乡镇的张泳瑜又开始准备做茶果用的食材，逢年过节吃茶果已经成为她刻入基因的记忆。享受家乡美食的人比比皆是，但把传承家乡美食文化作为专职工作来做的人并不多，张泳瑜在做的就是这样的事。

位于中山市五桂山南麓的三乡镇山清水秀，物产丰富，先民于北宋期间从福建一带移居中山，将闽南地区的咸茶饮食习俗带到三乡，同时结合本地的实际，创造了极具地域特色的三乡茶果饮食习俗。张泳瑜从2001年起跟随伯母、母亲学习制作各种三乡茶果，每逢岁时节令便参与全村的茶果制作活动，供村民食用或馈赠亲友，熟练掌握了濑粉、叶仔、角仔、兼糕、萝卜糕、芋头糕、白水饺、豆捞等十多种三乡茶果的制作方法。2014年，张泳瑜辞去幼师的工作，全职投身非遗事业。她深入钻研传统技艺，挖掘和恢复了三乡茶果的传统制作方法。例如三乡茶果中一种叫"兼糕"的茶果，其传统原材料俗称"篱艻仔"，在当地已几近消失。张泳瑜四处拜访老茶果艺人，终于在老药农的帮助下寻得了该植物，并沿袭古法将其运用于茶果制作中，让"篱艻仔兼糕"这一传统味道再次回归人们的餐桌。

在全职传承三乡茶果传统饮食习俗这条路上，张泳瑜走得并不容易，她坦言："我们主要是通过体验制作、品尝等方式让大家了解饮食习俗，但也要考虑到茶果的存放期限，如何把茶果更好地推广出去是我们一直在思考的问题。"2016年，三乡镇举办了手绘茶果制作流程比赛，共收到了255幅作品，最终选中了10幅作品印在三乡镇文旅宣传手册上，很多人通过这一手册对三乡茶果有了初步了解。这也给了张泳瑜灵感，她开始把目光放在制作三乡茶果文创产品上，不久后，带有"苦尽甘来"（形容三丫苦糕）、"捞乜都掂"（做什么事都能成功，形容豆捞）等美好寓意的三乡茶果主题文创产品诞生了，有抽绳包、钥匙扣、文化衫等多个品种。

为了让茶果制作方式更为人熟知，张泳瑜把研学活动开到了学校里，让更多孩子成为传统文化传承的主体。她联合旅游学校中有烹饪经验的老师、学生一起开设三乡茶果制作培训班，并设计了茶果制作方式手绘图，推出了茶果制作的教学视频，清晰、形象地将茶果制作全过程展示出来，详细注明了每一步要怎么做、用量是多少，让大家都可以看着做出茶果。"我们要建立文化自信，如果这些传统的东西慢慢都消失了，我们的后辈没有办法看到它们，这是一件很可惜的事情。在我们有能力的时候，应该尽自己努力做些事情，不要让自己有遗憾。"张泳瑜说。同时，在越来越多的年轻人加入非遗保护队伍的当下，非遗

张泳瑜在茶果培训班上课

中的现代元素也多了起来,非遗也可以很"潮"。未来,张泳瑜希望自己能够为三乡茶果传统饮食习俗的传承注入更多新元素,让更多人,尤其是年轻人领略非遗的魅力。

 学习感悟

_____

_____

_____

_____

_____

 劳动实践

一、劳动准备

(1)劳动场地:专门的茶果制作坊或实训室。

(2)工具与材料:糯米粉 500 克,黏米粉 150 克,玉米油 25 克,半肥瘦猪肉 250 克,红萝卜半根,荸荠 4 个,干香菇几朵,葱 2 根,咸水冲菜 1 块,冰片糖 1 片,新鲜大蕉叶 4 张,蒸锅,擀面杖。

(3)劳动知识准备:了解广式茶果的历史、种类,观看实操视频等。

(4)服装准备:厨师服、围裙、口罩、一次性手套、帽子等。

二、劳动步骤

请根据劳动步骤及劳动要点开展劳动实践,并以简短的词句将劳动操作过程中的经验与心得记录在表 9-12 中。

表 9-12 劳动过程记录表

劳动步骤	劳动要点	劳动操作经验与心得
第 1 步,初步认识广式茶果	了解广式茶果的历史、发展、种类等	
第 2 步,认识茶果制作所用的工具与材料	认识糯米粉、咸水冲菜、蒸锅、擀面杖、新鲜大蕉叶等常用材料与工具	
第 3 步,清洗	(1)咸水冲菜泡水 10 分钟,去除过多的咸味; (2)清洗猪肉、红萝卜、干香菇、荸荠、葱、蕉叶等	
第 4 步,切菜	(1)咸水冲菜切丝; (2)猪肉、荸荠、香菇、红萝卜、葱切粒	
第 5 步,煎炒	(1)锅里放点油,先把荸荠、香菇、红萝卜炒一下,用碗装好; (2)猪肉炒至 7 分熟,加入其他材料炒匀,加葱炒几下,葱香味出来后全部盛出,用碗装好备用	

续　表

劳动步骤	劳动要点	劳动操作经验与心得
第6步，煮叶	将蕉叶撕成小片在锅里煮10分钟软化，闻到蕉叶香味后捞起备用	
第7步，和面	（1）在2碗水中加入冰片糖，煮成糖水放凉； （2）向糖水中慢慢加入糯米粉和黏米粉，揉成团，再加入玉米油25克，揉5分钟，至面团吸收完油分为止； （3）面团搓条，分成小团备用	
第8步，放料、包裹	取适量馅料放进面团，收口搓圆，放在蕉叶中包好	
第9步，蒸果	水开后入锅蒸，熄火后焖2分钟即可取出食用	

三、劳动注意事项

（1）白色茶果为白糯米粉和黏米粉制作，按1∶1的比例放入；紫色茶果为白糯米粉、黑糯米粉和黏米粉制作，黑糯米粉只需要一点就够了，若放得太多，做出来的茶果会发黑。

（2）制作面团时，应将其放在面板上不停地揉，直到将面团里面的空气都揉出来为止。

（3）在蒸茶果的时候应该先用大火蒸10分钟左右，之后改为中火，共15～20分钟，这样蒸出来的茶果又软又香，口感也会更好。

四、成果交流

（1）和同学们交流分享以下内容，并将自己的相关情况记录下来。

① 我刚才制作的茶果是_____。

② 这种茶果的口感与特点是_____。

③ 我在茶果制作中感到最快乐的是_____。

④ 我在茶果制作中遇到的最大的困难是_____。

（2）请将自己制作茶果的照片以及成果的照片粘贴在下面的框内。

粘贴处

劳动评价

分别进行自我评价、同学评价和老师评价，填写表 9-13。

表 9-13 劳动评价表

评价维度	评价标准	评价角度		
		自我评价 （1—10分）	同学评价 （1—10分）	老师评价 （1—10分）
劳动态度	按时参与劳动实践，遵守劳动规定和流程			
	认真预习，课前准备充分			
	在劳动过程中积极参与、主动探索			
劳动能力	能够按时完成劳动任务			
	解决问题能力			
	团队协作能力			
	创新能力			
劳动成效	任务完成进度			
	任务完成质量			
总体评价	总体表现及潜力			
总　　分				

课后任务

请根据本次劳动实践，尝试制作其他种类的茶果，并在表 9-14 中记录茶果制作情况。

表 9-14 劳动情况记录表

劳动时间		劳动地点	
劳动内容		劳动实践人	
劳动中的感受	劳动中的快乐		
	劳动中的不足		
	劳动熟练程度		
	劳动的建议		
成果展示	粘贴处		

主要参考文献

[1] 王官成,吕红刚.新时代高职学生劳动教育[M].北京：高等教育出版社,2022.

[2] 潘维琴,王忠诚.劳动教育与实践[M].北京：机械工业出版社,2021.

[3] 钟均宏,等.新时代大学生劳动教育教材：高职版[M].广州：华南理工大学出版社,2020.

[4] 盖小丽.新时代高职院校劳动教育研究[M].长春：吉林大学出版社,2023.

[5] 严实,张嘉友,刘真豪,等.高校劳动教育育人模式构建的基本策略研究[M].成都：四川大学出版社,2023.

[6] 刘强.新时代大学生劳动教育与实践研究[M].延吉：延边大学出版社,2023.

[7] 褚凤,易锦,刘悦丹.新时代高校劳动教育理论与实践教程[M].上海：上海交通大学出版社,2022.

[8] 黄燕,叶林娟.中国劳动教育回顾与体系建构研究[M].中国出版集团；东方出版中心,2022.

[9] 苏霍姆林斯基.苏霍姆林斯基论劳动教育[M].萧勇,杜殿坤,译.北京：教育科学出版社,2019.

[10] 曾高峰,崔静.劳动关系与劳动法案例分析[M].北京：中国石化出版社,2019.

[11] 中国法制出版社.中华人民共和国劳动法：实用版[M].北京：中国法制出版社,2023.

[12] 中国法制出版社.中华人民共和国劳动合同法：实用版[M].北京：中国法制出版社,2022.

郑重声明

高等教育出版社依法对本书享有专有出版权。任何未经许可的复制、销售行为均违反《中华人民共和国著作权法》,其行为人将承担相应的民事责任和行政责任;构成犯罪的,将被依法追究刑事责任。为了维护市场秩序,保护读者的合法权益,避免读者误用盗版书造成不良后果,我社将配合行政执法部门和司法机关对违法犯罪的单位和个人进行严厉打击。社会各界人士如发现上述侵权行为,希望及时举报,我社将奖励举报有功人员。

反盗版举报电话　(010)58581999　58582371
反盗版举报邮箱　dd@hep.com.cn
通信地址　北京市西城区德外大街 4 号　高等教育出版社知识产权与法律事务部
邮政编码　100120

教学资源服务指南

感谢您使用本书。为方便教学，我社为教师提供资源下载、样书申请等服务，如贵校已选用本书，您只要关注微信公众号"高职素质教育教学研究"，或加入下列教师交流QQ群即可免费获得相关服务。

"高职素质教育教学研究"公众号

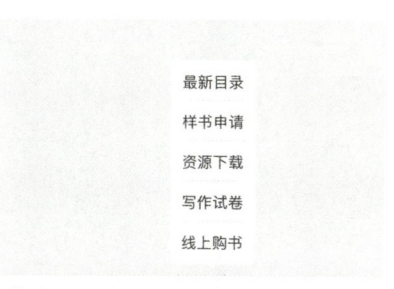

资源下载：点击"**教学服务**"—"**资源下载**"，或直接在浏览器中输入网址（http://101.35.126.6/），注册登录后可搜索下载相关资源。（建议用电脑浏览器操作）

样书申请：点击"**教学服务**"—"**样书申请**"，填写相关信息即可申请样书。

样章下载：点击"**教材样章**"，可下载在供教材的前言、目录和样章。

师资培训：点击"**师资培训**"，获取最新直播信息、直播回放和往期师资培训视频。

联系方式

高职劳动教育教师交流QQ群：747785932

联系电话：（021）56961310　电子邮箱：3076198581@qq.com